数智化时代会计专业融合创新系列教材

U0739833

用友ERP 沙盘模拟实训

第3版

何万能 贺旭红 王春丽◎主编

ERP SIMULATION

人民邮电出版社

北 京

图书在版编目（CIP）数据

用友 ERP 沙盘模拟实训 / 何万能，贺旭红，王春丽主编. -- 3 版. -- 北京 : 人民邮电出版社，2025.（数智化时代会计专业融合创新系列教材）. -- ISBN 978-7-115-65068-9

Ⅰ. F232

中国国家版本馆 CIP 数据核字第 2024R781N4 号

内 容 提 要

"ERP 沙盘模拟"是高等职业院校财经类专业普遍开设的一门企业经营管理实训课程。本书以全国职业院校技能大赛沙盘模拟企业经营赛项配套软件系统——会计信息化行业龙头企业用友软件集团开发的新道 S+Cloud 数智企业经营管理沙盘为载体，系统地讲解了 ERP 电子沙盘的相关知识。全书共 6 章，第 1～3 章介绍 ERP 沙盘模拟的起源与意义；第 4 章模拟一个企业 4 年生产经营过程；第 5 章介绍新道 S+Cloud 数智企业经营管理沙盘的使用；第 6 章为 ERP 沙盘模拟实训总结。每节（或章首）均设有一个生动典型先导案例，引入本部分主要内容。每章均设有"学习目标""工作任务""学以致用"和"学习评价"等栏目，附录介绍 2023 年全国职业院校技能大赛（高职组）"企业经营沙盘模拟"赛项规程。

本书既适合作为高等职业院校财经类专业企业经营沙盘的实训教材，又适合作为广大 ERP 沙盘模拟爱好者学习的参考书。

◆ 主　编　何万能　贺旭红　王春丽
　　责任编辑　曹可可
　　责任印制　王　郁　彭志环
◆ 人民邮电出版社出版发行　　北京市丰台区成寿寺路 11 号
　　邮编　100164　　电子邮件　315@ptpress.com.cn
　　网址　https://www.ptpress.com.cn
　　北京市艺辉印刷有限公司印刷
◆ 开本：787×1092　1/16
　　印张：11.5　　　　　　　　　　2025 年 1 月第 3 版
　　字数：292 千字　　　　　　　　2025 年 1 月北京第 1 次印刷

定价：49.80 元

读者服务热线：(010)81055256　印装质量热线：(010)81055316
反盗版热线：(010)81055315
广告经营许可证：京东市监广登字 20170147 号

PREFACE

第3版前言

数智时代对财经人才培养提出了新要求，财经人才向价值型、决策型转变，业财融合是必由之路，财经人才必须熟悉企业生产经营的全过程。"ERP 企业经营沙盘模拟实训"是职业院校财经类专业普遍开设的一门企业经营管理实训课程。该课程的开设目的是培养学生的财经职业道德、自我学习能力、交流沟通能力、团队协作能力、灵活应变能力、制订工作计划能力、控制工作过程能力。

ERP 企业经营沙盘模拟教学课程已陆续被全国各大职业院校接受并引进，其形式新颖、逼真，全面地展现了管理的流程和理念，同时具备高度的趣味性和竞争性。其核心内容就是模拟市场环境，将学生分成若干个团队并各自经营一个仿真的企业，从事若干年度的经营活动。学生需综合运用战略、市场、财务、生产及物流等知识，解决企业经营中遇到的各种问题。学习本课程既能帮助学生全面掌握经济管理知识从而了解企业经营的本质，又可以充分调动学习的主动性。同时，学生身临其境，能在失败和成功中低成本建构专业知识体系及提升自身的综合素质与能力。

根据全国职业院校技能大赛（高职组）"企业经营沙盘模拟"赛项规程，本书根据"以就业为导向，以学生为本"的原则，把培养学生的能力放在首位，注重"理论知识+实践技能"的培养，注重反映财经领域的新知识、新技术，总体设计体现"业财融合、理实一体化"。

本书有以下特点。

（1）本书将富含教育意义的故事和理念融入知识点、技能点，实现素养教育与专业知识的有机融合，让学生在专业技能学习中坚定理想信念。

（2）本书精心整合理论知识，合理安排知识点、技能点，突出对学生实际操作能力和解决问题能力的培养，强化岗前培训，突出"讲、学、练"一体化，以学生为主体，充分发挥教师引导、指导的作用。

（3）本书贯彻"业财融合、理实一体化"的教学思想，将"业务活动与工作任务"贯穿教学的始终，通过活动来培养学生的观察、思考、团队协作能力。

（4）本书注重对学生学习实践过程的评价，改变以往以期末试卷判分的评价方式。在每章最后的学习评价中，给出了详细的评价标准，并将职业素养、团队协作精神等纳入考核，从而体现出对学生专业技能和综合素质的培养。

（5）本书注重典型经济活动案例与知识点的结合，注重在专业教学中渗透职业素养教育，培养学生"重诚信、能吃苦、善沟通、精核算、会管理"的职业素养和品质，为提升其职业能力奠定良好的基础。

本书以全国职业院校技能大赛（高职组）"企业经营沙盘模拟"赛项配套软件系统——用友软件集团开发的新道S+Cloud数智企业经营管理沙盘为载体，设置了ERP企业经营沙盘简介、认识ERP模拟企业、ERP企业经营沙盘模拟规则、ERP企业经营沙盘模拟实战、数智企业经营管理沙盘平台系统运用、ERP企业经营沙盘模拟实训总结等6章内容，每节（或章首）都设置了"课前导入"版块，引入本部分主要内容，并将素养教育润物细无声地融入专业教学中。每章均设"学习目标""工作任务""学以致用""学习评价"等栏目，本书还附有2023年全国职业院校技能大赛（高职组）"企业经营沙盘模拟"赛项规程。

本书内容教学可安排30个学时。

本书由湖南财经工业职业技术学院何万能、贺旭红、王春丽、刘佳丽、曾琪花、刘颖和新道科技股份有限公司罗姣编写，其中何万能、贺旭红、王春丽任主编。

在编写本书过程中编者参考了一些相关著作，在此一并向这些著作者表示感谢。由于技术发展日新月异，加之编者水平有限，书中不足之处恳请读者批评指正，以期编者日后能完善相关内容。

编　者

2024年3月

CONTENTS

目　录

第1章 ERP 企业经营沙盘简介

学习目标

认知 ERP 企业经营沙盘，掌握 ERP 企业经营沙盘模拟实训的岗位分工与岗位职责。

工作任务

1. 讨论确定 ERP 企业经营沙盘模拟实训的时间安排。
2. 讨论确定小组人员岗位分工与岗位职责。
3. 讨论确定企业生产经营流程及各岗位业务办理流程。

1.1 ERP 企业经营沙盘认知

课前导入

培育深入人心的规则意识

飞机上，有乘客把脚放在小桌板上，被乘务员劝阻后却指责机舱管理不够人性化；女子骑电动车闯红灯，与一辆正常行驶的出租车发生剐蹭，其在未受伤的情况下竟索要高额赔偿；小区门口，未拴牵引绳的宠物狗吓到孩子，孩子妈妈赶狗保护孩子，反遭狗主人拳打脚踢……

有时候，误会、矛盾乃至风险，常源于对规则的漠视。有的人在公共场所高声喧哗，是没意识到"自己声音大会影响他人"，稍加提醒还能改正；但也有人属于明知故犯，规则于自己有利就遵守，规则妨碍了自己就破坏；更有甚者，认为守规则是笨拙、迂腐、怯懦的，绕过规则得了便宜，才显得聪明、灵活、有本事。凡此种种，不仅容易引发矛盾、扰乱秩序，还会降低社会信任度，带偏社会风气。无规矩不成方圆，这句俗语，今天依然发人深省。

在现代社会的文明肌体中，规则就是筋和骨。有了明确的规则，才能框定人们的行动边界。在传统熟人社会，熟人之间的评价，构成了"该做什么，不该做什么"的标准。在现代社会，人与人之间需要明确的规则来协调彼此的关系，定义"该做什么，不该做什么"。从楼道里"不准倒垃圾"的告示，到国家的成文法律，规则成为现代社会正常运转的"润滑剂"。只有培育人们的规则意识和守则能力，才能推动社会向着有序、文明的方向挺进。

思考： 在进行企业经营沙盘模拟实训时需不需要树立规则意识？如果需要，应该具体遵循哪些规则？

只有懂得规则，才能游刃有余。只有认真对待，才能有所收获。在进行 ERP 企业经营沙盘模拟实训前必须了解沙盘的由来及沙盘模拟的意义。

1.1.1 ERP 企业经营沙盘的由来

"沙盘"一词，起源于战争模拟推演。在双方开始战斗之前，许多指挥员都模拟战场的地形、地貌，制作一个按比例还原的沙盘模型。他们在这个模型上进行战略部署，包括兵力部署、火力部署、防御部署和进攻部署等。据说，秦始皇在统一六国时，就曾堆制沙盘研究各国地理形势。在李斯的辅佐下，派大将王翦进行统一战争。后来，秦始皇要求在自己的陵墓中堆建一个大型的地形模型。模型中不仅砌有高山、丘陵、城池等，而且还用水银模拟江河、大海，用机械装置使水银流动循环。现实生活中，房地产开发商会制作小区规划布局展示沙盘，展示真实的地形、地貌或小区格局，以利于房屋销售。

企业的经营管理很复杂，只凭借想象去描绘企业如何管理，这无疑是不切实际的。而如果仅仅在每门课程中展现企业的一个局部现状，也会让学生感到"只见树木，不见森林"。把一个企业各个部门的运作，提炼成一个电子模型，这对财经商贸类专业的学生来说，无疑可以避免前面的缺憾。这就是企业经营模拟沙盘的由来。

自1978年被瑞典皇家工学院的克拉斯·梅朗（Klas Mellan）开发以来，ERP企业经营沙盘模拟演练迅速风靡全球。在21世纪，用友、金蝶等公司相继开发了ERP企业经营沙盘模拟演练的教学版，各财经商贸类高校纷纷开设此课程，并取得了良好的效果。

1.1.2 ERP企业经营沙盘模拟的意义

ERP企业经营沙盘模拟就是将电子沙盘和企业资源计划（Enterprise Resource Planning，ERP）管理理念相结合的教学方法。它通过构建仿真企业环境，采用现代管理技术手段——ERP，模拟企业真实经营，将角色体验、案例分析和专家诊断融于一体，让学生站在高层领导者的位置上来分析并处理企业面对的战略规划、资金筹集、市场营销、产品研发、生产组织、物资采购、设备投资与改建、财务核算与管理等一系列问题，体验企业经营过程中的"酸、甜、苦、辣"，把企业运营所处的内外部环境抽象为一系列的规则。其中，学生组成若干个相互竞争的模拟企业，每个学生在模拟企业中都担任一定的角色，如营销总监、生产总监、人力资源总监、财务总监等，其目的是通过模拟企业若干年（一般是4年）的经营对抗（竞赛），使学生领悟企业高层管理者应掌握的意会性知识，在模拟企业经营中得到锻炼、启发和成长。这是一种全新的体验式教学手段和方法，既能让学生全面学习、掌握经济管理知识，又可以充分调动学生学习的主动性与参与性，让学生身临其境，真正感受一个企业经营者直面市场竞争的精彩与残酷，承担经营的风险与责任，并由此提升经营管理的素质与能力。

ERP企业经营沙盘模拟（本课程以新道S+Cloud数智企业经营管理沙盘为载体）流程设计如图1-1所示。

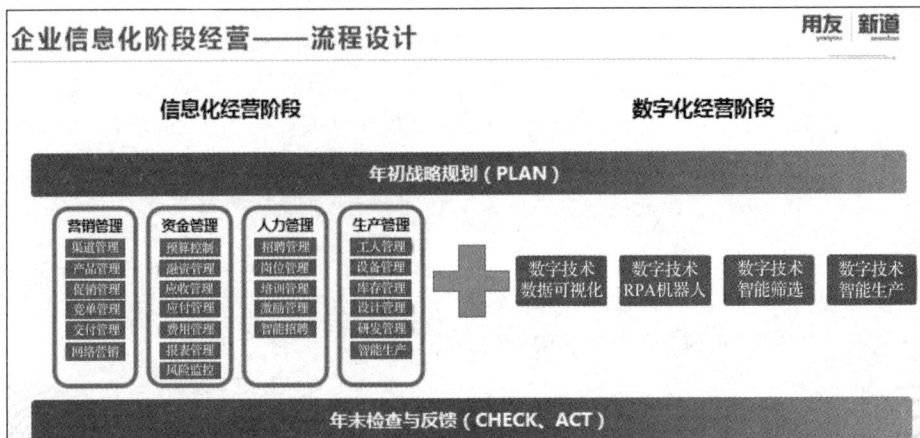

图1-1 新道数智企业经营管理沙盘模拟流程设计

1.2　ERP 企业经营沙盘模拟教学安排

课前导入

体验式学习助力老年人跨越数字鸿沟

如何在无人货柜前完成手机支付，怎样在智能家居场景中熟练掌握家庭智能交互设备的使用……上海老年大学钦州书院校区最新打造的"智慧生活体验教室"，通过让老年人沉浸式体验学习，探索科技、健康、交通、金融、生活等全方位教学内容，助力老年人跨越数字鸿沟。

该体验教室一层大厅设有信息发布导览屏、智能机器人和电子书阅读机，让老年人沉浸式学习。已建成影视赏析室、智能手机室、计算机室，打造数字化学习空间。从扫码支付到智能出行，从智慧就医到掌上生活、一网通办……五层的"智慧生活体验教室"于 2021 年上半年开始试运行，9 月正式向老年学员开放，开设相应的班级，解决老年人生活中的难题。

上海老年大学钦州书院校区打造的智慧校园，能让老年人沉浸式体验学习，有助于培养他们的自主学习意识和终身学习理念，使其不断适应社会的变化和发展。在体验式学习中，老年人可以接触到各种社会问题和挑战，如网络安全、信息真伪等。通过参与解决这些问题，老年人可以增强自己的社会责任感和公民意识，为社会的和谐稳定做出贡献。

体验式学习不仅有助于老年人跨越数字鸿沟，而且能让学生在体验与实践中获取知识、获得成长。在未来，体验式学习在教学中会发挥更大作用，为学生带来更多益处。

思考： ERP 企业经营沙盘模拟实训是怎样的一种体验式学习方式呢？

ERP 企业经营沙盘模拟实训是一种体验式教学，融团队合作、角色扮演、案例分析和专家诊断于一体。它让学生站在企业高层管理者的位置来分析并处理企业面临的战略制定、组织生产、整体营销和财务结算等一系列问题，亲身体验企业经营过程中的"酸、甜、苦、辣"，在"做"的过程中领悟企业高层管理者所应掌握的隐性知识。

ERP 企业经营沙盘模拟实训是一种综合训练。学生将所学的各种知识应用到经营过程中，从而获得综合能力的提升。ERP 企业经营沙盘模拟实训涉及战略管理、市场营销、生产管理、物流管理及财务会计等多方面知识，传统的教学体系中是没有类似课程的。

规则的学习虽然枯燥，但却是必需的。为使本次实训取得预期效果，在指导教师的组织下，全体学生讨论并确定实训的目的与任务、实训方式、时间安排与实训要求等内容，进而领会实训的真谛。

1.2.1　教学目标与任务

1. 教学目标

（1）拓展知识体系，提升管理技能。

ERP 企业经营沙盘模拟是对企业经营管理的全方位展现。通过学习，受训者可以在以下方面获益。

① 全方位认知企业。了解企业的组织机构设置、各管理机构的职能和工作内容，对未来的职业方向建立基本认识。了解企业管理体系和业务流程，理解资金流、物流和信息流的协同过程。

② 战略管理。成功的企业一定有着明确的经营战略。从最初的战略制定到最后的战略目标

达成分析，连续 4 年经历战略规划、生产管理、营销管理、人力资源管理、财务管理等模拟经营过程，受训者将学会用战略的眼光看待企业的经营和管理，确保业务与战略的一致性，在未来的工作中更多地实现战略性成功而非机会性成功。

③ 营销管理。通过 4 年的模拟竞争，受训者将学会如何分析市场、关注竞争对手、把握消费者需求、制定营销战略、准确定位目标市场，制订并实施销售计划。

④ 生产管理。在企业经营过程中，受训者将深刻感受生产与销售、采购的密切关系，理解生产组织与技术创新的重要性。

⑤ 财务管理。受训者要掌握资产负债表、利润表的结构，通过财务报告、财务分析解读企业经营的全局；掌握资本流转如何影响损益；理解现金流的重要性，学会制定资金预算，以最佳方式筹资，控制融资成本，提高资金使用效率。

⑥ 人力资源管理。在企业经营过程中，模拟经营团队经过初期组建、短暂磨合，逐渐形成团队默契，完全进入协作状态，受训者将深刻理解局部最优不等于总体最优，树立全局意识，学会换位思考，团队协作精神得到提升。

⑦ 基于信息管理的思维方式。通过 ERP 企业经营沙盘模拟，受训者可以真切体会到构建企业信息系统的紧迫性，感受到企业信息化实施过程的关键点，为企业信息化建设做好观念和能力上的准备。

（2）全面提升受训者的综合素质。

① 树立共赢理念。寻求与合作伙伴之间的共赢才是企业发展的长久之道。这就要求企业知己知彼，在市场分析、竞争对手分析上下功夫，在竞争中寻求合作。

② 全局观念与团队合作。个人的精力是有限的，个人的能量也是有限的。为适应万变的市场环境，换位思考和团队沟通与协作显得尤为重要。受训者将深刻领会到团队协作精神的重要性。在这里，每一个角色都要以企业总体最优为出发点，各司其职，相互协作，这样才能赢得竞争，实现目标。

③ 诚信和规则意识。诚信是一个企业的立足之本、发展之本。在企业经营过程中，诚信和规则意识主要体现为对"经营规则"的遵守，如市场竞争规则、产能计算规则等。诚信是个人立足社会、发展自我的基本素质。

④ 创新精神。穷则变，变则通。创新是企业发展的根本。无论是市场还是企业本身，都是时刻变化的。管理者应有创新精神，根据客观情况及时做出相应的调整变革。

⑤ 个性与职业定位。个性在模拟对抗中会显露无遗。在分组对抗中，有的组轰轰烈烈，有的组稳扎稳打，有的组则不知所措。在现实中很多人并不是"爱一行"才"干一行"，而是"干一行"才"爱一行"。

⑥ 感性人生。在市场的残酷与企业经营风险面前，是"轻言放弃"还是"坚持到底"，这不仅是一个企业可能面临的问题，也是个人需要不断抉择的问题，经营人生与经营企业具有一定的相通性。

2. 教学任务

（1）了解企业与企业的组织架构、各管理机构的职责和工作内容，对未来的职业方向建立基本认知，认清企业经营沙盘模拟与真实企业之间的关系与区别。通过模拟经营，了解企业经营管理体系和业务流程，理解资金流、物流、信息流的协同过程。

（2）熟练掌握沙盘运营规则及竞赛规则。

（3）了解模拟企业各角色的任务和作用。从岗位分工、沟通协作、工作流程到绩效评价，深刻认识所担任角色的任务和作用并理解局部最优不等于总体最优，学会换位思考，努力争取模拟企业取得最大利润。

（4）按照企业运行流程，履行所担负的职责。学会用战略的眼光看待企业的业务和经营；学会如何分析市场、关注竞争对手、把握消费需求、制定营销战略、明确市场定位；深刻认识生产与销售、采购的密切关系，理解生产组织与技术创新的重要性；掌握资产负债表和利润表的结构，理解现金流的重要性。

（5）做好实训总结，有所收获。

（6）全面提高综合素质。树立共赢理念、全局观念与团体协作理念，保持诚信，感悟人生，激发学习专业课的兴趣，使其理论联系实际并学以致用。

1.2.2　实训方式与时间安排

1. 实训方式

（1）主要方式是根据学生人数的多少，将学生分成 4 人一组。利用沙盘模拟企业经营，进行直接竞赛对抗。每个学生在模拟企业中都将担任一定的角色。

（2）总结交流。总结分为个人总结、模拟企业内部总结和竞争企业之间的交流总结。

2. 时间安排

本实训主要分为 4 个阶段，各阶段安排建议如下。

第一阶段：实训动员和规则介绍。一般安排在周一上午举行，主要是实训动员和技术规则介绍，让学生了解企业运营流程和相关规则。

第二阶段：模拟企业经营竞赛。一般从周一下午开始到周五上午结束，教师按照竞赛规则，安排 4 年一轮的企业经营沙盘模拟竞赛。

第三阶段：撰写实习报告和模拟企业内部总结。一般安排在课余时间进行，由每个学生按照要求撰写，并进行模拟企业内部总结。

第四阶段：实训总结与交流。一般安排在周五下午进行，鼓励学生个人发言，谈感受和体验。并由各模拟企业派代表做总结陈词，总结模拟企业经营的成败与得失。最后由指导教师做必要的点评与小结。

1.2.3　实训要求、组织管理和实训条件

1. 实训要求

（1）参与实训的完整流程，并承担一个具体的工作岗位。

（2）实训前要明确实训目的、内容和相关要求，确保实训效果。

（3）树立端正的实训态度和良好的团队协作精神。

（4）注意人身和财物安全。

（5）遵守实训纪律，保证按时出勤并完成相关任务；遵守国家法律、法规，遵守实训教室的相关规定，服从教师安排。

（6）做好实训记录，记好实训日记，为撰写实训报告做好准备。

（7）认真撰写实训报告，报告字数不少于 800 字。

2. 组织管理

（1）学生的分组由指导教师根据实际情况安排。

（2）角色的分工由各团队自行协商。

3. 实训条件

ERP 企业经营沙盘模拟实训场地应满足实训环境的基本要求。每个实训室配备网络打印机 1 台、教师用计算机 1 台、多媒体投影仪 1 套、电子教学软件 1 套、学生用计算机若干。在实训室内设置模拟企业的生产工艺流程图、市场调研分析图、ERP 企业经营沙盘模拟实训岗位及职责图等图表。

1.2.4 课程学习评价

本课程采用"综合评分法"对学生学习情况进行考核。该方法包括操作规范和职业素养考核、成果考核两个方面，总分为 100 分，其中，操作规范和职业素养考核占 60%，成果考核占 40%。

1. 操作规范和职业素养考核（60 分）

操作规范和职业素养考核主要从出勤、工作质量、沟通协作、态度和效率等方面进行，注重考核实训小组的组织管理能力。其中，出勤考核占 30%（18 分），工作质量考核占 50%（30 分），沟通协作考核占 10%（6 分），态度和效率考核占 10%（6 分）（见表 1-1）。具体考核时对每个学习任务的完成情况分别进行评价。

表 1-1　　　　　　　　　　　操作规范和职业素养考核方案

序号	考核内容	考核标准	考核方式	分值比例
1	出勤	迟到、早退一次扣 0.5 分，旷课一次扣 1 分；	考勤	30%
2	工作质量	实训过程的正确性、规范性以及是否通过专业知识形成职业判断，完成实训任务	课堂点名问答；对课堂情况实施记录	50%
3	沟通协作	是否与小组成员保持良好的合作关系，是否具有良好的沟通表达能力以及是否主动协助组员完成实训任务	对课堂情况实施记录	10%
4	态度和效率	实训任务完成的及时性、工作的主动性；（根据课堂与课外的学习积极性由教师酌情加分）	对课堂情况实施记录	10%

2. 成果考核（40 分）

成果考核主要由小组经营成果、小组汇报及个人实训报告 3 部分组成，分别占 60%（24 分）、20%（8 分）和 20%（8 分）。

小组经营成果以实训期间最后一轮经营的成果排名为依据。

小组汇报主要包括小组实训人员分工、岗位职责、团队协作情况、工作任务和工作计划、工作程序和步骤、工作成果、取得的经验与教训等。

个人实训报告主要包括实训项目描述、主要任务、业务流程、岗位职责、每日实训记录及个人实训总结。

1.3 ERP 企业经营沙盘模拟内容

> 课前导入

腾讯成功的背后离不开"小团队"运营模式的发展

腾讯内部拥有着众多规模不等的团队，团队以产品策划、产品研发和产品运营为核心，共同组成了从策划研发到上线运营的完整环节。在产品策划团队中，产品经理负责把控大方向，具体的工作则交给不同的设计师完成。在产品研发团队中，项目经理则成为重要的中间环节，他们在与产品策划团队沟通后，指派工程师进行研发工作。在产品运营团队中，运营经理负责整体工作，并与运营专员一起承担产品的用户运营、活动运营和渠道运营的任务。

这种团队运营机制可以很好地将大规模的团队拆分成若干个小规模的团队，从而在产品生产的各个环节发挥合适的作用。这些 10 人或是 20 人的小团队，还会从产品策划、产品研发和产品运营等角度进一步细分，厘清每个人的工作职责。团队成员独立工作，团队成员彼此又互相协作，从而完成整体产品的策划、研发和运营工作。

这种"小团队"运营机制和管理方式发挥了很大的作用，特别是以产品经理为核心的产品团队，贡献了许多具有创新性和巨大市场潜力的产品。微信就是在这种优秀团队运营模式中诞生的产品。

在创始人马化腾看来，一个好的团队，必须是一个角色完备、功能齐整的团队。因此，腾讯内部的团队大多是根据产品所需要的岗位为标准来组建的，不同的成员承担着不同的岗位职责，任何一个完整的团队，都可以独立地完成产品的开发和运营工作，在满足用户需求的同时，为企业创造出更多的经济效益。

思考： 在进行 ERP 企业经营沙盘模拟实训时，如何通过团队合作完成任务呢？

教师将学生分组，各团队成员进行角色分工，并理解岗位职责和企业的运营流程，认知企业的组织结构。

1.3.1　组建团队

每个班级组成若干管理团队，每位成员都担任模拟企业中的一个重要职位。在对抗演练中，每个团队代表一个企业。运营过程中，团队协作是必不可少的。高效的团队是每个组织或企业都希望打造和拥有的。一个高效的团队，应具有以下特征。

1. 清晰的目标

高效的团队对要达到的目标有清楚的认识，坚信这一目标包含着重大的意义和价值，并且这种目标的重要性还激励着团队成员把个人目标升华到群体目标中去。在高效的团队中，成员愿意为团队目标付出，清楚地知道他们应该做什么，以及他们如何协作才能完成任务。

2. 相关的技能

企业的正常运作，包括了生产、人力资源、财务、营销等多个方面。这就要求管理者具有完整的知识结构。只有这样，管理者才能从纷繁芜杂的事件中筛选出有效信息。高效的团队具备实现理想目标所必需的技术和技能，而且有良好的合作意识，从而能够出色地完成任务。

3. 高度的忠诚

成员对团队表现出高度的忠诚。成员以身为团队的一分子为荣；成员以自己的工作为荣，并有成就感与满足感；成员有强烈的向心力和团队精神。每一个人都具有充分活力，愿意为目标全力以赴，觉得工作非常有意义，可以使自己学习成长，不断进步。

4. 相互信任和良好沟通

成员间相互信任和良好沟通是高效团队的显著特征，每位成员对其他人的行为和能力都深信不疑，并能通过畅通的渠道交换信息，包括各种言语和非言语信息。此外，高效团队中的成员能迅速、准确地了解对方的想法和情感。团队成员之间健康的信息反馈也是良好沟通的重要特征。

5. 和谐的人文环境

和谐的人文环境是文化氛围、正能量氛围、创新氛围、创业氛围、成功氛围、激励氛围、信任氛围等的综合。成员之间真诚地相互赞赏，是帮助团队成长的动力。

1.3.2 人员分工

根据团队成员的个性特征，讨论确定每个人的岗位和职责，进行人员分工。

任何一个企业在创建之初都要建立与其企业类型相适应的组织结构。ERP 企业经营沙盘模拟实训课程采用的是简化企业组织结构的方式，团队由营销总监、生产总监、人力资源总监、财务总监组成。

1. 营销总监岗位认知

（1）基本任务。

市场资质认证、产品研发认证、ISO 资质认证、营销广告投放、参加订货会。

（2）主要任务。

渠道管理。营销总监负责开拓销售渠道，制订渠道计划，拓展销售市场。渠道管理可以锻炼受训者的市场分析、市场定位、细分市场调研等能力。

产品管理。营销总监负责申报企业的生产资质和质量认证等手续，拓展产品的广度与深度。产品管理可以锻炼受训者营销管理和产品管理的能力。

促销管理。营销总监根据市场分析结果选择单细分市场实施促销管理。通过促销管理，受训者可以学习广告策略。

竞单管理。通过竞单管理，受训者可以系统地锻炼营销管理中 4P 的应用方式。

交付管理。通过交付管理，受训者可以了解企业获取利润的方法，同时感知履约的重要性。

网络营销。开启网络营销后，企业新增一个销售渠道。网络渠道相对于经销商市场渠道，产品更加明确，回款更加迅速。通过网络营销，受训者可以熟悉网络营销的流程，认识网络营销的重要性。

2. 生产总监岗位认知

（1）基本任务。

工人配置、机器设备管理、产品图纸设计、特性研发、原料订购。

（2）主要任务。

工人管理。生产总监可以将企业里的所有工人进行分工，将合适的工人安排到合适的生产线上，以获取最大的产值。通过工人管理，受训者可以训练计算生产能力，制作生产计划、制订产能计划的能力。

设备管理。生产总监要统筹企业中的全部生产设备。不同类型的生产线的产能和价格不同，生产总监要根据企业现状合理选用生产线，通过合理排产，支持企业的销售业务。设备管理可以锻炼受训者进度控制、生产调度的能力。

库存管理。生产总监肩负着为企业的生产行为提供原材料的责任。根据生产计划制订原料需求计划，根据计划及采购流程，按期预订原材料，保障生产的顺利进行。而在生产线生产出产品后，产品将进入产品库，生产总监也要对其进行管理，对库存积压或不足的情况，需要予以合理的排产。库存管理可以锻炼受训者制品控制、库存控制、生产调度的能力。

设计管理。生产中心包含设计部门，生产总监可以就产品进行持续的迭代设计。其需要生产总监根据市场需要和自身的销售计划去迭代产品，以适应企业的发展规划、适应市场。通过设计管理，受训者可以锻炼产品设计管理的能力。

研发管理。生产总监可以升级企业的技术，增强企业产品的市场竞争力。通过研发管理，受训者可以锻炼市场分析及研发管理的能力。

智能生产。开启智能生产后，系统会根据算法，自动以最优的组合给企业里的所有生产线排产，并且系统会自动更新最新的产品物料清单（Bill of Materials，BOM）设计，以及自动向供应商购买原材料。通过智能生产，生产工作进入智能时代，生产总监将充分感受到智能系统带来的效率提升。

3. 人力资源总监岗位认知

（1）基本任务。

人力招聘、工人管理、工人培训、激励管理。

（2）主要任务。

招聘管理。人力资源总监可以根据用人部门需求，从人才市场筛选人才，进行招聘。招聘时需要根据人才的能力、薪资期望和市场情况综合判断定薪，发送录用通知。发送录用通知后，系统会根据公式判断人才是否入职。通过招聘管理，受训者可以锻炼人工成本计划和控制的能力。

岗位管理。人力资源总监可以管理薪酬，查看各岗位的人员工作状态，还可以淘汰不匹配的员工。岗位管理可以训练受训者薪酬设计和薪酬管理的能力。

培训管理。人力资源总监可以对员工进行管理，对低等级员工进行培训，使其承担更高级的工作。培训管理可以锻炼受训者人力资源规划和成本控制的能力。

激励管理。人力资源总监可以查看所有员工的工作状态、效率，对其中特定的员工进行激励。激励管理可以锻炼受训者绩效管理、薪酬设计的能力。

智能招聘。通过内置智能算法，智能招聘可以根据企业的需求，从人才市场中匹配最适合的人才；还可以智能推荐人才薪酬。通过智能招聘，受训者能亲身体验数字化给企业带来的效率提升。

4. 财务总监岗位认知

（1）基本任务。

融资管理、应收账款管理、应付账款管理、费用管理、预算控制、报表管理。

（2）主要任务。

融资管理。通过贷款方式对企业进行融资，训练受训者筹资的能力。

应收账款管理。对企业的应收账款进行管理，对企业的应收账款做收款计划及贴现活动，锻炼受训者对现金流的控制能力。

应付账款管理。管理应付账款，制订全年的付款计划，锻炼受训者现金流管理的能力。

费用管理。通过对管理费用、贷款本金及利息等的管理，受训者可以锻炼财务履约能力。

预算控制。财务总监给其他岗位分配预算。预算控制可以帮助受训者认知企业财务的工作流程，并在实践中理解成本控制原则。

报表管理。展示企业的三大报表，包括资产负债表、利润表和现金流量表，锻炼受训者报表查看、填写和分析能力。

风险监控。智能化监控企业经营场景，通过智能化算法，实时获取企业的财务数据，展示风险等级。财务总监需要实时关注企业经营状况，以及时发现并解决财务问题。每个风险项系统都会给出实时的值及各个季度的变化曲线，给财务总监提供数据支撑。

> **注意**
>
> 资金闲置是浪费，资金不足会破产，二者之间应寻求一个有效的平衡点。

1.3.3 企业命名

确定人员分工后，人力资源总监应召集本企业所有员工召开第一次会议——为企业命名。企业名称可以说是企业品牌的起点，是企业形象的象征，是客户认识和了解企业的一个重要标志。对新成立的企业来说，企业名称是企业品牌的核心建设工程之一，一个好的企业名称不仅能让人容易记住，也能够更好地传达企业的核心价值观和品牌形象。出色的名称不仅仅代表着企业的战略眼光和总体定位，而且在广告宣传、品牌塑造、市场拓展等方面起着关键作用。

1.3.4 企业调研

对企业经营者来说，接手一个企业时，需要通过市场调研对企业有一个基本了解，包括股东愿景、企业目前财务状况、市场占有率、产品、生产设施和盈利能力等。

市场调研主要是为决策者和领导者提供制定重大决策和产品营销策略的理论依据。这是一种通过收集、分析和解释市场相关信息，以帮助企业了解市场现状、发现市场机会、制定市场策略、评估市场效果的活动。市场调研对企业发展具有重要的意义，主要体现在以下几个方面：一是帮助企业了解市场需求，提高产品或服务的质量和满意度；二是帮助企业分析市场竞争和行业趋势，提升企业的竞争力和创新力；三是帮助企业确定市场目标和定位，制定有效的市场营销策略；四是帮助企业评估市场效果和风险，优化企业的资源配置和投资决策。

1.3.5 学习规则

不同的案例基础规则不同，同一个案例可以有多套基础规则，以下规则仅为示例，参与沙盘实训时可查看具体规则。

1. 基本规则

基本规则见表1-2。

表1-2　　　　　　　　　　　　　　基本规则

规则名称	规则值
违约金比率	40%
税率	25%
碳中和费用	10元
咨询费用	10 000元
生产线上限	16条
材料紧急采购倍数	2
产成品紧急采购倍数	4
初始碳排放量	3 000

（1）基本规则：模拟企业经营中一些基本的规则要求。

（2）违约金比率：规则不同违约金比率不同，用于销售订单未按时交货时计算违约金费用，如第二年第三季度订单未能按时交货，则在第二年第四季度时扣除违约金（订单收入 × 违约金比率，如出现小数，四舍五入取整）。

对报表的影响：现金减少、营业外支出增加。

（3）税率：计算应交税费时的税率，规则不同所得税税率不同，企业实现盈利时需缴纳税金，缴纳金额为税前利润 × 所得税税率（如出现小数，四舍五入取整）。

对报表的影响：现金减少、净利润减少。

注：缴纳所得税之前应当先弥补以前年度亏损，弥补完后再缴纳税费。

（4）碳中和费用：用于中和企业排放的碳量，表示每中和一吨碳需要支付的现金，规则不同碳中和费用不同。

对报表的影响：现金减少、综合费用增加。

注：中和掉的碳量不会增加企业可以排放的碳量，只用于计算碳排放率。

（5）咨询费用：用于购买其他企业信息，表示购买一家企业的信息需花费的资金，规则不同咨询费用不同。

对报表的影响：现金减少、综合费用增加。

注：每次购买的有效期为 1 个季度。

（6）生产线上限：表示本场实训中，最多能够购买的生产线数量。

对报表的影响：现金减少、土地与设备或在建工程增加。

（7）材料紧急采购倍数：用于紧急购买原材料，购买后立刻到货，购买价格为材料成本 ×材料紧急采购倍数，规则不同倍数不同。

对报表的影响：现金减少、原材料成本增加。

（8）产成品紧急采购倍数：用于紧急购买产成品，购买后立刻到货，购买价格为产品成本 ×产成品紧急采购倍数，规则不同倍数不同。

对报表的影响：现金减少、产品成本增加。

（9）初始碳排放量：用于第一次分配时，为每个企业增加初始的碳排放量，即使所有组都不排放，在第三年分配时也能分配到初始的碳排放额度。

2. 其他规则

（1）市场调研。

市场调研见表 1-3。

表 1-3　　　　　　　　　　　　　　市场调研

市场	产品	特性	总量	平均价格/元
国内市场	P1	T1	6 000	3 000
亚洲市场	P1	T2	6 000	3 000
国际市场	P1	T2	5 000	3 000

① 在投放促销广告前调研市场需求，明确每个市场的产品、特性、总量和平均价格需求。

② 市场：哪个市场的需求。

③ 产品：该订单是对哪个产品的需求。

④ 特性：与产品组合，表示这张订单是该产品+该特性的需求。

⑤ 总量：在本市场中此类产品+特性的总需求数量。

⑥ 平均价格：在本市场中此类产品+特性的平均价格。

注：市场调研中的总量和平均价格并非详单中的具体价格和数量。

（2）商誉。

企业的商誉用于计算企业经营成果得分，具体扣减情况如下。

① 订单未按时交货视为违约，切换季度时系统强制扣除违约金，每张订单商誉值-1点。

② 未按时支付工人工资，切换季度时系统强制发薪，商誉值-5点。

③ 原材料未按时收货，切换季度时系统自动收货，每条记录商誉值-1点。

④ 未按时支付贷款利息和本金，切换季度时强制扣除，每条记录商誉值-1点。

⑤ 未按时支付应付账款，切换季度时系统自动扣除，每笔应付账款商誉值-1点。

⑥ 未按时支付管理费用，切换季度时系统自动扣除，商誉值-1点。

⑦ 设各部门预算资金使用率为 X，当 $X < 80\%$ 或 $X > 120\%$ 时，均扣减 10 000 分。

（3）社会责任。

该页面包含一流企业、勇于创新、诚信守法、社会责任、国际视野等模块。

① 一流企业：将本企业经营结果与知名企业进行对比，查看本企业在行业内的排名。

② 勇于创新：用于查看当前企业创新度。

③ 诚信守法：用于查看企业当前商誉值，页面中也可查看商誉值扣除明细。

④ 社会责任：企业经营履行的社会责任。各企业可以通过捐款，减免应纳税所得额，具体按下列公式执行：

设捐款金额为 X；

若 $X \geq$ 税前利润 $\times 12\%$，按税前利润的 12%扣除，应交税费=税前利润 $\times$（1-12%）$\times 25\%$；

若 $X <$ 税前利润 $\times 12\%$，按实际 X 值扣除，应交税费=（税前利润-X）$\times 25\%$。

⑤ 国际视野：提示企业应当具备国际视野，拓宽市场渠道。

（4）碳中和。

① 碳中和：企业使用生产线和生产产品时均会产生碳排放，具体碳排放量可查看规则，第二年实现碳达峰，第三年开始中和。

② 碳达峰：以所有企业前两年的碳排放量为总量，碳排放量=产品数量×产品排放量+生产次数×产线排放量；如 P1 产品碳排放量为 5，自动线碳排放量为 30，1 条自动线实际生产 P1 产品的产量为 5，那么使用 2 条自动线生产 P1 产生的碳排放量=5×2×5+2×30=110。

③ 分配算法：碳排放量越少的队伍，次年分配的碳排放量越高，公式如下。

A. 设定上一次（第三年按前两年计算，第四年按第三年计算）总碳排放量为 A，N 支队伍的碳排放量分别为 A_1，A_2，$A_3 \cdots A_n$。

B. A_x 是某支队伍上年的碳排放量。

C. 给每支队伍的碳排放量=$A \times$（1-A_x/A）/（N-1）。

D. 需注意，第一次（第三年）分配时，在原有碳分配量的基础上加初始碳排放量，第二次（第四年）分配时按实际分配。

④ 当碳排放量不足时，无法进行生产。

⑤ 破产组破产当年产生的碳排放量不累计到碳排放总额计算中，也不参与碳排放量分配。

注：碳中和是一种责任，可通过植树造林进行中和，若企业已无碳排放额度，碳和中无法增加企业碳排放额度。

（5）PDCA 管理工具。

PDCA 管理工具见表 1-4。

表 1-4　　　　　　　　　　　　　　PDCA 管理工具

类型	指标	输入
盈利目标	收入	
营运目标	产线建设数量	
	产品入库数量	
	工人招聘数量	
	市场开拓数量	
	产品研发数量	
	贷款额度	
	广告投放金额	
预算目标	生产部门预算	
	人力资源部门预算	
	营销部门预算	

① PDCA 管理工具：结合 PDCA 管理工具从计划、执行、检查、处理 4 个维度分析企业经营数据，只能在第一年、第二年的第一季度填写。

② 收入：填写本年计划获取的销售收入额度。

③ 产线建设数量：填写本年计划建成的产线数量。

④ 产品入库数量：填写本年产品计划入库的数量。

⑤ 工人招聘数量：填写本年计划入职的工人数量。

⑥ 市场开拓数量：填写本年计划开拓完成的市场资质数量。

⑦ 产品研发数量：填写本年计划研发完成的产品资质数量。

⑧ 贷款额度：填写本年计划的贷款额度。

⑨ 广告投放金额：填写本年计划投放的促销广告额度。

⑩ 生产部门预算：填写本年生产部门计划使用的资金。

⑪ 人力资源部门预算：填写本年人力资源部门计划支付的资金。

⑫ 营销部门预算：填写本年营销部门计划支付的资金。

⑬ 各项完成率=1-|（计划值-实际值）/计划值|。

注：强扣的资金记录在财务账中，不在部门预算中，所以不算在预算费用里；第一季度未配置时统一按 0 处理。

（6）数字化建设。

① 数字化平台建设：在第三年、第四年开启，开启后只能在第一季度开始配置，配置后不可更改，只能查看。

② RPA 机器人：配置 RPA 机器人计算逻辑，配置后自动生成算法，系统根据算法执行。

一键收款：自动判别当期到期的应收账款，执行一键收款。

一键付款：自动判别当期到期的应付账款，执行一键付款。

批量缴费：自动判别当期的费用，执行批量缴费。

③ 智能生产：实施智能生产算法，配置后自动生成算法，系统根据算法执行。

智能转产：自动识别产品资质和执行转产，转产无须消耗金钱和时间。

自动更新图纸：自动将最新的图纸上传到系统中。

智能下单材料：自动订购生产所需的原材料，开启后所有原材料订购无送货期。

自动收货入库：自动将订购的原材料收货入库。

智能工人排产：自动为产线配置效率最高的工人。

注：此配置方式并非最优的工人组合，可手动配置最优工人组合。但执行时不会按照手动配置的工人方式生产，会重新配置。

④ 智能招聘：系统根据所选的招聘条件，自动生成算法并执行。

薪酬优先：自动根据薪酬优先条件进行筛选，筛选出的工人按照薪酬从低到高排序。

效率优先：自动根据效率优先条件进行筛选，筛选出的工人按照效率从低到高排序。

比率优先：自动根据比率优先条件进行筛选，筛选出的工人按照性价比从低到高排序。

数据可视化：自动根据配置的模块展示数据。

（7）取整规则。

① 贷款利息：向上取整。

② 贴息：向上取整。

③ 违约金：出现小数，四舍五入取整。

④ 税金：出现小数，四舍五入取整。

⑤ 出售：向下取整。

注：现金为负时视为破产。

1.3.6 企业运营

本课程通过企业信息化经营模拟和企业数字化经营模拟两个阶段，使学生深入了解企业经营流程。全面考查学生在企业经营管理方面的综合能力，包括市场趋势预测、市场开发决策、产品研发决策、人力资源招聘与控制决策、资金预算使用、经营成本控制、财务报表分析和企业经营利润把控等核心技能，同时培养学生的诚信意识、技术意识、数智思维、市场洞察力、创新意识和系统思维等。企业信息化阶段经营背景——产供销流程如图 1-2 所示。

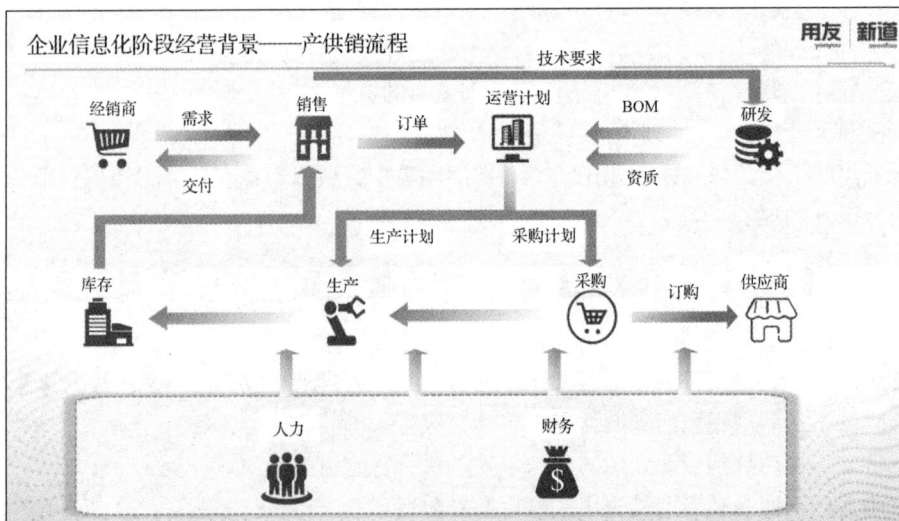

图 1-2 企业信息化阶段经营背景——产供销流程

学以致用

1. 组建团队

你们也许来自一个集体或来自四面八方，相聚就是缘分，未来一周你们将是队友，试用表 1-5 记录你们每个人在模拟企业中的分工及个人情况。

表 1-5　　　　　　　　　　　记录模拟企业的分工及个人情况

模拟角色	姓名	联系方式	性格特点	个人爱好
营销总监				
生产总监				
人力资源总监				
财务总监				

2. 理解模拟企业的经营背景

理解模拟企业的信息化阶段，试用自己的话解释图 1-2 中的产供销流程。

学习评价

评价分自评、互评和教师点评。首先，进行组内成员管理能力自评；其次，由成员根据个人自评结果并结合日常表现进行互评；最后，教师点评。自评分数作为参考，互评和教师评价各占 50%，将得分填入相应得分栏目中。

1. 职业素养自评表

在职业素养自评表（见表 1-6）的自测选项栏目相应题号的对应选项□中打√，然后根据评分说明计算三个分项得分。

表 1-6　　　　　　　　　　　　　　职业素养自评表

职业素养	自测题	自测选项	自测得分
计划管理能力	1. 你通常以怎样的方式做事？（　　　） 　A. 制订计划并按计划行事　　　B. 依据事情到来的顺序 　C. 想起一件就做一件	1. □A　□B □C	
	2. 在制订计划前你通常首先做的工作是什么？（　　　） 　A. 确定目标　　　　B. 认清现在　　　C. 研究过去	2. □A　□B □C	
	3. 你的计划会详尽到什么程度？（　　　） 　A. 每日　　　　　　B. 每周　　　　　C. 每月	3. □A　□B □C	
	4. 你如何制订计划？（　　　） 　A. 尽量把计划量化　　　　　B. 制订出主要计划的辅助计划 　C. 只制订主要计划	4. □A　□B □C	
	5. 当计划的任务在执行过程中遇到困难时，你通常会如何做？（　　　） 　A. 想办法提高执行效率　　　B. 对计划做一定程度的修改 　C. 制订新的计划	5. □A　□B □C	
	6. 面对变化较快的未来环境时，你是否会坚持制订的计划？（　　　） 　A. 通常会　　　　　B. 有时会　　　　C. 偶尔会	6. □A　□B □C	
	7. 你通常如何确保制订的计划尽善尽美？（　　　） 　A. 遵循科学的计划安排步骤　　　　B. 边实施边修改 　C. 多征询他人的意见	7. □A　□B □C	

职业素养	自测题	自测选项	自测得分
计划管理能力	8. 作为管理者，当你发现下属偏离了既定计划时，你会怎么办？（　　） 　A. 立即纠正，保证按计划严格执行　　B. 重申并明晰既定计划 　C. 视偏差情况而定	8. □A　□B □C	
	9. 计划制订后，你是否能够严格按照计划行事？（　　） 　A. 通常能　　B. 有时能　　C. 偶尔能	9. □A　□B □C	
	10. 你制订的计划通常能达到何种效果？（　　） 　A. 能够有效实现预期目标　　B. 行动不再盲目　　C. 效果不明显	10. □A　□B □C	
团队信任能力	1. 在团队中，你如何看待诚信问题？（　　） 　A. 诚信是信任的基础　　B. 诚信影响信任关系 　C. 诚信是个人品德	1. □A　□B □C	
	2. 管理者如何赢得团队成员的信任？（　　） 　A. 做事先做人，言行一致　　B. 按制度办事，一视同仁 　C. 保持行为的一贯性	2. □A　□B □C	
	3. 是什么让你信任团队中的其他成员？（　　） 　A. 团队成员的品德　　B. 团队成员的能力　　C. 团队成员的经验	3. □A　□B □C	
	4. 你如何看待团队成员间的信任对团队的影响？（　　） 　A. 信任提高工作效率　　B. 信任会促进团结和沟通 　C. 信任会减少误会	4. □A　□B □C	
	5. 当团队某一成员的行为被其他成员怀疑时，你如何看待？（　　） 　A. 通过沟通了解真相　　B. 应继续相信他们 　C. 根据品行来决定是否信任	5. □A　□B □C	
	6. 管理者应如何看待信任团队成员的作用？（　　） 　A. 能激发团队成员的斗志　　B. 能让团队成员顺利完成任务 　C. 能增进双方的感情	6. □A　□B □C	
	7. 你认为团队成员间如何才能保持充分信任？（　　） 　A. 建立信息共享机制　　B. 定期沟通，消除疑问 　C. 及时复盘前段时间的任务完成情况	7. □A　□B □C	
	8. 管理者应通过何种途径使团队成员之间相互信任？（　　） 　A. 用统一目标增强凝聚力　　B. 让团队成员间加强沟通 　C. 提高成员能力和道德水平	8. □A　□B □C	
	9. 管理者如何才能避免团队瓦解？（　　） 　A. 让团队成员充分信任　　B. 定期协调成员利益关系 　C. 跟进团队成员需求	9. □A　□B □C	
	10. 管理者对自己看到的情况和现象应该怎样认识？（　　） 　A. 自己看到的未必是真实的　　B. 自己只看到一部分 　C. 眼见为实	10. □A　□B □C	
团队沟通能力	1. 你一般如何得知他人的真实想法？（　　） 　A. 与其直接沟通　　B. 根据他的行为做出判断 　C. 我总是能猜到	1. □A　□B □C	
	2. 你如何看待沟通在团队中的作用？（　　） 　A. 沟通能达成目标　　B. 沟通能协调行动 　C. 沟通能够达成共识	2. □A　□B □C	
	3. 你如何向团队成员下达行动指令？（　　） 　A. 双向沟通，确定目标　　B. 根据成员能力进行分配 　C. 直接规定其按期完成	3. □A　□B □C	

续表

职业素养	自测题	自测选项	自测得分
团队沟通能力	4. 你如何避免团队沟通过程中的信息失真？（　　） 　A. 对信息进行反馈和确认　B. 通过书面形式进行沟通 　C. 清晰表达自己	4.　□A　□B 　　□C	
	5. 作为管理者，你一般与团队成员进行怎样的沟通？（　　） 　A. 以非正式沟通为主　　B. 非正式与正式沟通各占一半 　C. 以正式沟通为主	5.　□A　□B 　　□C	
	6. 你如何避免在语言表达时产生歧义？（　　） 　A. 对表达内容进行确认　　B. 换种表达方法 　C. 对内容产生歧义的词语进行解释	6.　□A　□B 　　□C	
	7. 作为管理者，你如何批评下属？（　　） 　A. 用含蓄的方式提醒　　B. 先表扬后批评 　C. 直接告知其错误，要求改正	7.　□A　□B 　　□C	
	8. 你如何看待你与他人沟通对第三人产生的影响？（　　） 　A. 有可能使第三人产生误解　　B. 有比较微弱的影响 　C. 和第三人没有关系	8.　□A　□B 　　□C	
	9. 你如何理解团队协作过程中的沟通？（　　） 　A. 沟通促进协作　　B. 沟通是协作的方式之一 　C. 默契可以代替沟通	9.　□A　□B 　　□C	
	10. 作为管理者，你如何提高团队沟通效率？（　　） 　A. 建立沟通机制　　B. 及时沟通　　C. 定期沟通	10.　□A　□B 　　□C	
	小计		

1. 评分说明：选 A 得 3 分，选 B 得 2 分，选 C 得 1 分，每项能力单独计分，最高 30 分。
2. 结果解读。

　　计划管理能力测评结果解读：（1）24 分以上，说明你的计划执行能力很强，请继续保持和提升。
　　　　　　　　　　　　　　　（2）15～24 分，说明你的计划管理能力一般，请努力提升。
　　　　　　　　　　　　　　　（3）15 分以下，说明你的计划管理能力较弱，急需提升。
　　团队信任能力测评结果解读：（1）24 分以上，说明你的团队信任能力很强，请继续保持和提升。
　　　　　　　　　　　　　　　（2）15～24 分，说明你的团队信任能力一般，请努力提升。
　　　　　　　　　　　　　　　（3）15 分以下，说明你的团队信任能力较弱，急需提升。
　　团队沟通能力测评结果解读：（1）24 分以上，说明你的团队沟通能力很强，请继续保持和提升。
　　　　　　　　　　　　　　　（2）15～24 分，说明你的团队沟通能力一般，请努力提升。
　　　　　　　　　　　　　　　（3）15 分以下，说明你的团队沟通能力较弱，急需提升。

学生签字：　　　　　　教师签字：　　　　　　　　　年　　月　　日

2. 专业能力测评表

专业能力测评表如表 1-7 所示。

表 1-7　　　　　　　　　　　　专业能力测评表

评价内容	考核点	考核得分		
		小组评价	教师评价	综合得分
职业素养（60 分）	计划管理能力、团队信任能力、团队沟通能力			
成果（40 分）	经营成果排名			

第 2 章　认识 ERP 模拟企业

学习目标

了解企业的基本情况和生产流程；了解企业内部管理制度。

工作任务

1. 了解企业基本情况。
2. 了解企业内部管理制度。

2.1　模拟企业调研

课前导入

阿里新任 CEO 吴泳铭确立两大战略重心：用户为先、AI 驱动

2023 年 9 月，阿里巴巴集团宣布了一系列重大的人事变动，张勇于 9 月 10 日卸任阿里巴巴集团董事会主席兼 CEO 职务，集团执行副主席蔡崇信出任阿里巴巴集团董事会主席；吴泳铭出任阿里巴巴集团 CEO，同时继续兼任淘天集团董事长。

9 月 12 日，阿里巴巴集团（以下简称"阿里"）新任 CEO 吴泳铭发布全员信，宣布确立"用户为先、AI 驱动"两大战略重心，并围绕这两大重心进行业务梳理，重塑业务战略优先级，同时进行管理团队年轻化改革，明确了阿里面向未来的战略重点方向和行动指南。吴泳铭将阿里面向未来十年的重要优先级，明确为三个方向：一是技术驱动的互联网平台业务，二是人工智能（Artificial Intelligence，AI）驱动的科技业务，三是全球化的商业网络。

吴泳铭认为，传统互联网模式严重同质化，已走向存量竞争，以 AI 为代表的新技术正成为全球商业发展的新动能。阿里必须自我变革，才能找到打开未来的钥匙，才能坚持为社会解决问题的初心，履行为中小企业服务的使命，坚守做一家于社会有益的好公司愿景。为创造行业最好的用户体验，吴泳铭提出"我们必须更加开放"，要求各业务团队主动寻求广泛的开放与合作。

在全员信中，吴泳铭表示阿里还会继续深入组织变革，用更灵活开放的治理机制，持续加强各业务团队独立自主的决策体系，并对管理团队年轻化提出了明确要求和目标。4 年内，要让"85 后""90 后"作为主力管理者刷新业务管理团队，创造让更多年轻的阿里人成为阿里的核心力量的机制和文化环境。

思考：对新任领导而言，应该了解企业的一些什么情况？

企业运行前必须了解企业具体情况，对新任领导来说，了解管理对象——模拟企业的情况，包括股东愿景、企业目前的财务状况、产品、生产设施等，对开展管理工作是必需的。

2.1.1   模拟企业发展与股东愿景

该企业隶属于国内知名的消费品制造集团，具有强烈的转型升级需求。集团内部分骨干企业已经在探索数智化转型升级新路径。集团董事会认为，应由单个企业率先完成数智化转型升级，再向行业内推广复制，从而带动整个行业的数智化转型。

为此，集团董事会决定汇聚行业精英，组成新的经营团队，率先实现企业数智化转型。集团董事会希望新的管理层能做到以下几点：

（1）投资新产品开发，让企业的市场地位得到提升；

（2）开发全新的市场，进一步拓展市场领域；

（3）扩大生产规模，使用新设备和新手段，提升生产效率；

（4）投资新技术，让企业得以进入数智化时代。

2.1.2   模拟企业的初始状态

（1）生产线：已全部处理变卖，等待新上岗的生产总监重整旗鼓。

（2）现金：30 万元。

2.2   企业生产经营规划

课前导入

华润集团：深化卓越运营管理 着力打造企业核心竞争力

华润（集团）有限公司（以下简称"华润集团"）按照国务院国有资产监督管理委员会要求对标世界一流管理提升工作部署安排，全面梳理价值链、深化标杆管理、精益改善，全力打造具有华润特色的卓越运营管理体系，不断增强企业经营活力和动力，推动效益效率指标持续优化。2021 年，华润集团总资产首次突破 2 万亿元大关，营业收入和利润再创历史新高，全员劳动生产率同比显著提升。

面对管理行业跨度广、管理成熟度差异大的现状，为推动战略有效落地，系统性解决运营管理堵点问题，华润集团对标学习丰田、丹纳赫等企业，尤其是学习其精益管理方面，由点到面、由生产流程延伸至全组织、全价值流程的经验，从企业全价值链出发，紧盯各业务环节的管控关键点，确定衡量指标并逐级分解，将过去"点"状推进的精益改善项目转化为覆盖研发、采购、生产、销售、服务等各环节在内的"链"状管理流程，不断完善以提高产品、服务质量水平为目标、以职能条线为支撑的客户导向型管理体系，建成以财务管理、运营管理、销售管理、职能管理和创新研发为核心的卓越运营管理体系，不断提高企业核心竞争力。

在追求经济效益的同时，华润集团奉行"践行社会责任，做优秀企业公民"的理念，以各种方式回馈社会，每年在赈灾、助学及环保等领域捐资过亿元，积极履行华润集团作为央企的社会责任。这体现了企业的道德担当和社会责任感，是企业核心竞争力的重要组成部分。

思考：华润集团的发展战略是什么？企业在发展的过程中应该如何制定战略规划？

企业要在瞬息万变的市场环境里生存和发展，就离不开发展战略。企业需要在分析市场环境的基础上制定发展战略规划。

2.2.1　外部环境和内部条件分析

外部环境和内部条件分析包括宏观环境分析、行业及竞争环境分析、内部条件分析等。企业要了解外部环境中哪些因素会为企业带来机遇，哪些因素会给企业造成威胁，进而了解企业的资源是否充足、配置是否合理，从而达到外部环境和内部条件的动态平衡。企业只有全面把握优势与劣势、机会与威胁，才能立于不败之地。

2.2.2　战略目标

企业战略目标的内容包括盈利能力、生产效率、市场竞争地位、产品结构、财务状况、企业技术水平、企业建设与发展、社会责任等。

确定战略目标就是要回答以下问题。

（1）企业在较长的一段时间内要实现的目标是什么（是成为市场领导者还是市场追随者）？

（2）企业需达到何种规模（所有者权益、现金持有量如何）？

（3）怎样设计产线结构（开局和定型）？

（4）企业计划采用怎样的融资策略？

2.2.3　经营方向

经营方向就是明确企业现在可以提供的产品与服务，以及未来一定时期内决定进行或退出、决定支持或限制的某些业务领域。

确定经营方向就是要回答以下问题。

（1）市场细分及定位是怎样的？

（2）企业计划生产哪些类型的产品？

（3）企业主打生产何种产品？

2.2.4　经营策略

经营策略就是企业管理层的工作程序和决策规则，它涉及研究和规划企业的经营重点，部署资源，明确企业的主要职能领域，如营销、生产、人力资源、财务等方面的工作方针及相互协调的方法。

2.2.5　战略调整

企业战略发展规划并不是一成不变的，而是根据企业内部和外部环境的变化及竞争对手的发展情况及时做出调整，以保持动态平衡。每一年经营结束，都要检验企业战略的可行性，并根据以后年度的市场趋势预测，结合企业自身优势和机会，调整既定的战略。

2.2.6　实施步骤

战略目标是一个中长期的发展目标，在ERP企业经营沙盘模拟实训中就是指4年的发展目标。在实施过程中，外部环境与内部条件不会一成不变。分阶段实施战略目标，可以帮助企业对其行为效果做出回顾和评价，及时对战略方案做出调整，从而实现战略目标。第一步就是要审视现状和环境，制定明确的战略目标和具体的策略规划，明确企业在达成目标过程中的关键任务和行动计划。第二步就是要整合资源，建立有效的内外部沟通与协作机制。第三步就是要设定关键绩效指标，持续监控与评估战略实施过程。第四步就是要适应环境变化和企业内外部需求，不断总结、学习和改进方式方法，灵活调整和优化战略实施。

学以致用

1. 测测你的业务敏感度

请填写业务敏感度（见表 2-1）中的关键指标。

表 2-1　　　　　　　　　　　　　　　　业务敏感度

销售收入：	固定资产：	长期负债：
直接成本：		
综合费用：		短期负债：
折旧：	流动资产：	
利息：		所有者权益：
税金：		其他：
利润：		

2. 记录模拟企业的战略规划

成功的企业一定有清晰而准确的战略目标。战略是企业发展的罗盘，是企业前进的航标，从你们的战略规划中可以看出你们对战略是否有足够的认识，你们是否理解战略的含义。

（1）你们想打造什么样的企业（是市场领导者还是市场追随者）？

（2）你们倾向于何种产品，何种市场？将其填于表 2-2 中。

表 2-2　　　　　　　　　　　　　　各类产品及其市场

产品	国内市场	亚洲市场	国际市场
P1			
P2			
P3			

注：P 为产品系列，P1、P2、P3 均为具体产品。

（3）你们计划怎样增加（更新）生产线？

（4）你们计划采取怎样的融资策略？

学习评价

评价分自评、互评和教师点评。首先，进行组内成员职业素养自评；其次，由成员根据个人自评结果并结合日常表现进行互评；最后，教师点评。自评分数作为参考，互评和教师评价各占 50%，将得分填入相应得分栏目中。

1. 职业素养自评表

在职业素养自评表（见表2-3）的对应题号相应选项的□中打√，A表示通过，B表示基本通过，C表示未通过。

表2-3　　　　　　　　　　　　　职业素养自评表

职业素养	评估标准	自测结果	自测得分
责任心	责任心是指对自己的所作所为负责，对他人、对组织承担责任和履行义务的自觉态度。 1. 勇于承担工作中出现的问题，从不推卸责任 2. 能从企业利益出发，自觉承担责任和履行义务，监督和指导同事完成工作	1. □A □B □C 2. □A □B □C	
主动性	主动性是指员工在日常工作中，能够不需要他人指派，主动承担相应工作的素质。主动性行为描述如下。 1. 表现出对工作的热情，不需要任何正式的授权形式，个人完成工作 2. 承担远超过要求的工作任务，并积极努力地完成 3. 通过自身努力拓展工作内涵，获取新知识、新经验	1. □A □B □C 2. □A □B □C 3. □A □B □C	
忠诚度	忠诚度是指员工对工作、团队、组织的信任及在关键事件上对企业利益的维护程度、以企业利益为重的意识。 1. 员工对工作、团队、组织高度信任，能积极向领导、同事表达自己对企业存在问题的想法和意见 2. 当出现问题时，能以企业利益为重，必要时牺牲个人利益 3. 在企业利益受损时，能主动维护企业利益	1. □A □B □C 2. □A □B □C 3. □A □B □C	
坚韧性	坚韧性也可称为耐受力、抗压能力、自我控制能力和意志力等，是指人们在巨大的压力环境下，克服外部和自身的困难，坚持完成指定任务的倾向。 1. 能承受压力，在困难或威胁面前毫不动摇 2. 面对压力时能进行自我调节，付出辛勤努力，知难而进，坚持不懈完成任务目标	1. □A □B □C 2. □A □B □C	
纪律性	纪律性是指个人自觉遵守企业各项管理制度，保证个人行为及工作行为不与企业的管理制度和工作原则相抵触的意愿。 1. 能自觉遵守企业各项管理制度，无违纪行为 2. 能积极监督或引导同事遵守企业各项管理制度，且效果显著	1. □A □B □C 2. □A □B □C	
自信心	自信心是一种对自己的观点、决定和完成任务的能力、有效解决问题的能力的自我信仰。 1. 承担有挑战性、有风险的工作，因为有挑战而兴奋，不断寻找和追求新的挑战 2. 接受困难的工作，出现问题时仍保持积极心态，并坚信自己能够解决	1. □A □B □C 2. □A □B □C	
成就导向	成就导向又称为成就欲、进取心，是指个人希望更好地完成工作或达到某一绩效标准、强烈追求成功的持续性愿望。 1. 设定挑战的目标，并通过不断学习或请教同事来高标准地完成工作任务 2. 采取充分的行动，在完成工作或工作过程中进行总结创新，并应用于今后的工作中 3. 不满足于平均业绩，追求卓越	1. □A □B □C 2. □A □B □C 3. □A □B □C	

续表

职业素养	评估标准	自测结果	自测得分
敬业精神	敬业精神是指个人调整自己的行为使其符合组织要求和组织利益的愿望和能力。 1. 有专业思想，热爱本职工作，有旺盛的进取意识，利用各种资源使工作成果最大化 2. 以企业利益及整体和谐性为标准，调整自己的行为	1. □A　□B □C 2. □A　□B □C	
诚信意识	诚信意识是指以诚实、善良的心态行使权利、履行义务，不受个人利益、好恶的影响，信守承诺。 员工能以诚实、善良的心态行使权利、履行义务、信守承诺	□A　□B □C	
成本意识	成本意识是指在保证正常工作状态和质量的前提下，通过控制成本、增加产出、优化流程等手段，节约资源，使利润最大化的意识。 1. 工作中将成本控制在预算范围内，积极寻找降低成本的方法 2. 能对成本控制及流程优化提出有效建议，且效果显著 3. 对周围的浪费情况进行制止，与同事分享节约成本及资源的方法并进行推广	1. □A　□B □C 2. □A　□B □C 3. □A　□B □C	
全局观	全局观是指个人在开展工作或进行决策时，能够考虑他人、其他部门或企业整体的情况，从组织的整体或长远利益出发，顾全大局，为了整体利益能够牺牲局部利益或个人利益。 1. 不计较个人得失，服从指挥，贯彻命令 2. 清楚企业各部门或人员的关联性及其他部门的职能 3. 能与其他部门或人员求同存异，积极开展合作 4. 能从全局出发，积极协助其他部门或人员完成工作	1. □A　□B □C 2. □A　□B □C 3. □A　□B □C 4. □A　□B □C	
小计			

评分说明：选 A 得 3 分，选 B 得 2 分，选 C 得 1 分，最高 81 分

学生签字：　　　　　　　　教师签字：　　　　　　　　　　　　年　　月　　日

2. 职业素养测评表

职业素养测评表如表 2-4 所示。

表 2-4　　　　　　　　　　　　职业素养测评表

评价内容	考核点	考核得分		
		小组评价	教师评价	综合得分
职业素养（60分）	责任心、主动性、忠诚度、坚韧性、纪律性、自信心、成就导向、敬业精神、诚信意识、成本意识、全局观			
成果（40分）	经营成果排名			

第 3 章　ERP 企业经营沙盘模拟规则

学习目标

了解模拟市场的基本情况；熟悉企业生产经营运行规则。

工作任务

1. 了解模拟市场基本情况。
2. 领会企业生产经营运行规则。

3.1　了解你所经营的企业的市场环境

课前导入

麦肯锡重磅发布：《2023 年 AI 现状：生成式 AI 的爆发之年》

2023 年 8 月 1 日，麦肯锡发布了《2023 年 AI 现状：生成式 AI 的爆发之年》报告。报告调查结果显示，3/4 的受访者预计生成式 AI 将在未来三年内对其行业竞争带来颠覆性的改变。

麦肯锡高级合伙人评论表示，生成式 AI 发展速度之快令人惊叹。几个月前，领导者之间的对话还很简单，主要停留在生成式 AI 是什么，哪些是炒作，哪些是真实情况。而现在，在短短六个月左右的时间里，领导者正在进行更为复杂的对话。从调查的结果中可以看到，近 1/3 的企业正在至少一项业务职能中使用生成式 AI。这显示出企业对在业务中使用生成式 AI 工具可行性的认知和接受程度在提高。

调查结果显示，AI 高绩效企业，即受访者称 2022 年息税前利润至少有 20%归功于使用 AI 的企业，正在全力投入使用 AI。这些从 AI 中获得巨大价值的企业已经比其他企业在业务职能中更多地使用了生成式 AI 工具，尤其是在产品和服务开发、风险和供应链管理方面。AI 高绩效企业比其他企业更有可能在产品和服务开发中使用 AI，例如优化产品开发周期、为现有产品增加新功能以及开发基于 AI 的新产品。与其他企业相比，这些企业还更多地将 AI 应用于风险建模和人力资源领域，如绩效管理、组织设计和劳动力部署优化。

思考：AI 市场的发展给企业带来了哪些机遇与挑战？

企业的生存和发展离不开市场这个大环境。谁赢得市场，谁就赢得了竞争。模拟企业在生产经营之前需对市场环境进行调研，了解不同市场、不同生产季节对不同特性、不同产品的需求量及供应商参考价格、利润、交货期、账期等。目前，销售渠道主要有国内市场、亚洲市场和国际市场。

一家权威机构对未来 6～8 年里各个市场的需求进行了预测，得出 P1 是目前市场上的主流技术产品，P2 作为 P1 的技术改良产品，也比较获得大众认同。P3 和 P4 作为 P 系列产品里的高端技术产品，各个市场对其认同度不尽相同，需求量与价格也有较大差异。下面介绍一种竞赛市场预测。

3.1.1　国内市场 P 系列产品的预测情况

国内市场 P 系列产品的预测情况如图 3-1 所示。

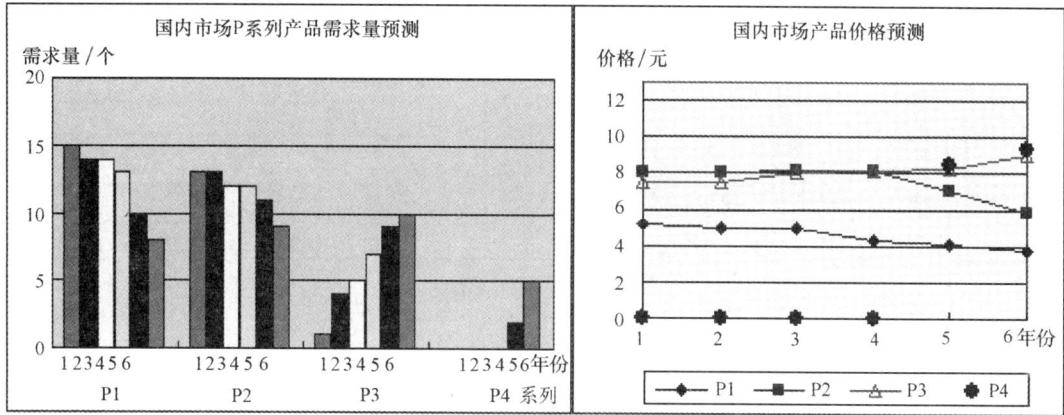

图 3-1　国内市场预测

国内市场对 P1 缺乏持久的需求。P2 更适合国内市场，所以其需求量估计会一直比较平稳。随着客户对 P 系列产品新技术的逐渐认同，预计市场对 P3 的需求量会增加。

3.1.2　亚洲市场 P 系列产品的预测情况

亚洲市场 P 系列产品的预测情况如图 3-2 所示。

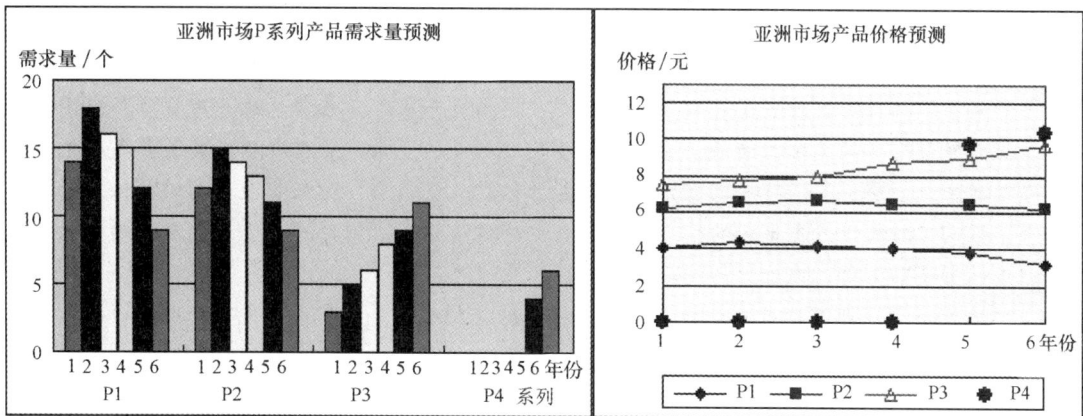

图 3-2　亚洲市场预测

亚洲市场上客户的喜好一向波动较大，不易把握，所以对 P1 的需求量可能起伏较大，P2 的需求走势估计也会与 P1 相似。但该市场对新产品很敏感，因此预计该市场对 P3 的需求量会增加，P3 价格可能上涨。另外，这个市场的客户很看重产品的质量，在今后几年里，如果厂商没有通过 ISO 9000 和 ISO 14000 认证，则产品可能很难销售。

3.1.3 国际市场①P系列产品的预测情况

国际市场P系列产品的预测情况如图3-3所示。

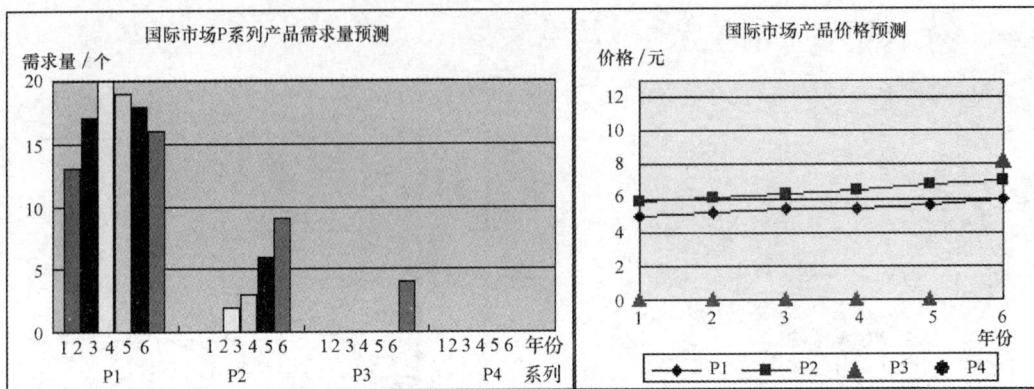

图3-3 国际市场预测

进入国际市场可能需要较长的时间。有迹象表明，目前这一市场上的客户对P1已经有所认同，需求也会比较旺盛。对于P2，客户将会谨慎地接受，但仍需要一段时间才能被市场所接受。对于新兴的技术，这一市场上的客户将会以观望为主，因此对于P3，其需求将会发展较慢。因为产品需求量主要集中在低端产品，因此该市场的客户对ISO质量认证的要求并不如其他几个市场那么高，但也不排除在后期会有这方面的需求。

3.2 领会ERP企业经营沙盘模拟运行规则

课前导入

比亚迪：国产汽车的崛起与全球布局

近年来，韩日等海外汽车进口量大幅下滑，国内汽车出口量暴涨。这一现象背后是国内外汽车工业发展形势的变化。随着全球经济一体化的加速，汽车产业也在不断发展壮大。尤其是在新能源汽车领域，各国政府都在推动全球能源结构绿色转型，对新能源汽车的扶持政策不断出台，推动了新能源汽车市场的快速发展。在这样的背景下，国产汽车企业逐渐崛起，开始在国际市场上崭露头角。作为国产汽车的代表，比亚迪脱颖而出。

2021年5月，比亚迪开启新能源乘用车的全球化征程，并于当年正式布局欧洲市场，首站放在挪威，完成了1 000辆新能源车的交付。2022年，比亚迪加速开拓欧洲、亚太、美洲等多个地区的市场，并迅速推进从产品出海到生产线出海。2023年3月10日，比亚迪完成了泰国乘用车生产基地的奠基仪式，这是比亚迪全资投建的首个海外乘用车工厂，将于2024年开始运营，年产能约15万辆，生产的汽车将投放到泰国当地市场，同时辐射周边国家和地区。

目前，比亚迪的新能源全球布局已覆盖70多个国家和地区，辐射超过400个城市；未来，比亚迪还将继续加大在海外市场的投入，不断完善海外布局，提高其在全球市场的竞争力。

思考：比亚迪是如何应对国际形势变化的？企业应该如何在行业竞争中生存与发展？

---

① 本书所指国际市场，均不包含亚洲市场。

企业的生存和发展离不开市场这个大环境。企业运行前必须了解企业所在市场的环境情况，熟悉企业生产经营运行规则并正确执行企业内部管理制度，合法经营、诚信经营，才能在竞争中求生存、谋发展。

3.2.1　营销总监需要领会的规则

1. 市场预测

在 ERP 企业经营沙盘模拟实训中，经销商订单表是企业能够得到的关于产品市场需求预测的重要参考信息，包括各市场、各产品的总需求量、特性、价格情况、客户情况等。各企业也可通过咨询功能获得同行业竞争对手的相关情况。

2. 销售渠道

目前，销售渠道主要分为国内市场、亚洲市场和国际市场三类。企业在进入某个市场之前，一般需要进行市场调研、选派或招聘人员、策划市场活动等一系列工作。由于地理位置及经济发达程度等不同，不同市场投入的开发费用及建设时间不同。只有投入全部完成后，才能申报该市场客户的订单。各市场间没有必然的联系，也就是说，可以跳跃式地选择要开发的市场，放弃其中某一个或几个市场。当市场开拓和资质认证完成后，该企业就取得了在该市场上经营的资格，就可以在该市场进行广告宣传，争取客户订单了。

不同的案例规则略有不同，不同市场开发所需的时间和资金投入也是不同的。本书关于规则的相关数据大多为示例（如表 3-1 销售渠道规则），仅用于帮助读者理解，参与沙盘实训时请查看具体规则。

表 3-1　　　　　　　　　　　　　　销售渠道规则

渠道名称	开拓费用/元	开拓周期/季	说明
国内	10 000	1	1. 开拓周期：开拓时需要经过开拓周期企业才能获得市场资质，只有获得市场资质后才允许在该市场销售产品
亚洲	30 000	3	2. 开拓费用：开拓时需要支付的资金，为一次性费用，期间无须追加
国际	60 000	5	3. 对报表的影响：现金减少、综合费用增加

3. 产品资质规则

产品资质规则如表 3-2 所示。

表 3-2　　　　　　　　　　　　　　产品资质规则

资质名称	消耗资金/元	申请时间/季	说明
P1	10 000	1	1. 申请时间：申请时需要经过申请时间企业才能获得产品资质，只有获得产品资质后才允许生产该产品
P2	20 000	3	2. 消耗资金：申请时需要支付的资金，为一次性费用，期间无须追加
P3	50 000	6	3. 对报表的影响：现金减少、综合费用增加

4. ISO 资质规则

ISO 资质规则如表 3-3 所示。

表 3-3   ISO 资质规则

ISO 认证名称	消耗资金/元	认证周期/季	说明
ISO 9000	10 000	1	1. 只有满足订单中 ISO 资质需求才能获取订单 2. 不同订单的 ISO 资质需求不同
ISO 14000	20 000	3	3. 认证周期：认证时需要经过认证周期，企业才能获得 ISO 资质 4. 消耗资金：认证时需要支付的资金，为一次性费用，期间无须追加
ISO 26000	40 000	6	5. 对报表的影响：现金减少、综合费用增加

5. 促销广告规则

促销广告可以用于提升企业知名度，其比例为 1∶1，即增加投入 1 元广告费用提升 1 点企业知名度。企业知名度越高，越有机会获得该市场中的订单；不同市场内的订单情况不同，促销广告应该分市场投放；当前知名度为在本市场投放的广告额度，每个市场投放的广告只影响本市场内的知名度；当前排名默认为 1。随着其他企业投放促销广告，当前排名上下波动，也可通过投放促销广告的方式提高排名，排名第一的企业有优先获得订单权；促销广告可在竞单开始前多次投放，总额度依次累计增加。促销广告规则如表 3-4 所示。

表 3-4   促销广告规则

市场名称	当前知名度	当前排名	说明
国内市场	0	1	1. 只有拥有市场资质才有机会获得该市场的订单，促销广告有效期为一次竞单，竞单后知名度归零
亚洲市场	0	1	
国际市场	0	1	2. 对报表的影响：现金减少、综合费用增加

6. 订单获取规则

（1）订货会时间。每年召开 2 次订货会（第一年第二季度、第一年第三季度、第二年第一季度、第二年第二季度、第三年第一季度、第三年第二季度、第四年第一季度、第四年第二季度）。各企业根据当年的市场需求状况、同行竞争态势和自身需要，分市场分产品，按既定规则申领订单。可同时对所有市场、产品的订单进行申报。当多次对同一张订单进行申报时，系统只接受最新一次申报的数量和价格，若在申报时输入的数量为 0，则为取消在该市场申报的订单。

（2）订单分配规则。

① 申报分组。

• 并非企业申报即入围，入围需要条件。

• 入围有三个条件：企业有订单中要求的市场资质；企业有订单中要求的 ISO 资质；企业报价未超过参考价。

• 每张订单生成入围列表。

② 申报价格和申报数量。

申报价格不得低于参考价的 90%。

申报数量不得超过订单中的数量。

③ 标的分配。

• 根据公式 $Y=$[知名度（即等同于广告费）]+[市场占有率（初始值为 1）×商誉×（参考

价-报价）]+[1 000×特性研发值（即生产管理特性研发值）]，算出各队伍得分。

- 得分最高的队伍，可以获得所申报的全部数量。
- 按照排名顺次分配，直到数量不足分配。
- 当所剩数量不足分配时，只分配剩余数量。
- 若 N 支队伍分数相同时，分配顺位相同，当剩余数量 A 不满足各队伍申报数量时，抽取其中最小的申报数量 M，每队分配 M 数量，若 A 小于 N×M，则每队分配 A/N（向下取整）张订单。

（3）交货规则：必须严格按照订单中的产品、特性、数量进行交货，无法拆分交货。

（4）对报表的影响：产品成本减少、销售收入增加、直接成本增加。

3.2.2 生产总监需要领会的规则

1. 设备相关规则

设备相关规则如表 3-5 所示。

表 3-5 设备相关规则

线型	安装时间/季	购买价格/元	生产时间/季	基础产量	转产时间/季	转产价格/元	残值/元	维修费用/元	手工工人	高级技工	碳排放量	折旧年限
传统线	0	50 000	2	40	0	5 000	20 000	100 000	3	1	60	4
自动线	1	120 000	1	20	0	10 000	20 000	20 000	0	2	30	4
智能线	2	250 000	1	30	0	0	30 000	30 000	1	1	10	4

（1）设备相关规则为企业购买设备时的规则，描述设备的安装与使用情况。

（2）安装时间：安装生产线需要消耗的时间，购买生产线后需经过一定安装时间才能使用（如第一年第一季度购买安装自动线，第一年第二季度即安装完成可以使用）。

（3）购买价格：购买生产线的价格，为一次性价格，期间无须追加。

（4）生产时间：生产线生产需要耗费的时间，自生产线开产起，经过一定生产时间产品下线入库。

（5）基础产量：生产线的基础产量，为计算实际产量的基数。

（6）转产时间：生产线由生产一种产品转为生产另一种产品需要花费的时间，只能在停产状态下进行转产。

（7）转产价格：生产线转产时需要花费的资金，为一次性费用。

（8）残值：生产线折旧到此价值时不再折旧，且出售时能够获得等于残值的现金。

（9）维修费用：生产线建成满一年开始维修，第一年第一季度建成，第二年第一季度缴纳维修费，每年缴纳一次（第一年第四季度转第二年第一季度时扣除）。

（10）手工工人、高级技工：使用生产线时，需要配置手工工人和高级技工的数量。

（11）碳排放量：使用生产线生产一次产生的碳排放量。

（12）折旧年限：生产线需要折旧的年限。生产线建成满一年开始折旧，第一年第一季度建成，第二年第一季度计提折旧，折旧=（生产线净值-残值）/折旧年限，每年计提折旧。

（13）开产：需拥有产品资质、充足的原材料，处于停产状态，配置好工人，BOM 更新完成，现金充足才能开产成功。

① 开产时支付计件工资和开产费。

② 计件工资=实际产量×（手工工人计件工资×手工工人数量+高级技工计件工资×高级技工数量）。

③ 在制品成本=[原材料成本+工人月薪×生产周期+计件工资+开产费]（如传统线的生产周期为两个季度，则应当按 6 个月计算）。

④ 开产费从产品规则表中查看，规则中为单件产品花费的开产费。

注：生产线相关操作对报表产生的影响如下。

① 购买时，现金减少、土地与设备或在建工程增加。

② 开产时，现金减少、原材料减少、其他应付款增加、在制品增加。

③ 转产时，现金减少、综合费用增加。

④ 拆除时，现金增加、固定资产减少、营业外支出增加。

⑤ 缴纳维修费时，现金减少、维修费增加。

⑥ 生产线折旧时，土地和设备减少、折旧费增加。

2. 工人管理规则

工人管理规则如表 3-6 所示。

表 3-6　　　　　　　　　　　工人管理规则

线型	安装日期	基础产量	状态	产品标识	班次	手工工人	高级技工	实际产量	操作
智能线	第二年第一季度	1	停产	P1				0	保存

（1）每次生产时，需先进行工人配置，参照规则在对应的生产线中配置工人和班次。

（2）状态：分停产、开产和转产，只有停产状态下才能配置班次和工人。

（3）班次：选择工人生产班次。

（4）手工工人、高级技工：选择与生产线规则要求相等的工人数量。

（5）实际产量：按规则要求配置的工人数量和种类，一致时单击【保存】则出现实际产量，与规则要求不符则实际产量为 0。

实际产量=基础产能×（1+初级工效率之和/4+高级工效率之和）×班次加成（如出现小数向下取整）。

（6）操作：班次和工人配置成功后，单击【保存】。

（7）招聘需求填报：填写需要招聘的工人种类和数量，保存后生成一条数据传送到人力资源总监页面。

3. 库存相关规则

库存相关规则如表 3-7 所示。

表 3-7　　　　　　　　　　　库存相关规则

材料名称	基础价格/元	数量	送货周期/季	账期/季
R1	10 000	50 000	1	1
R2	10 000	50 000	1	1
R3	10 000	50 000	2	1
R4	10 000	50 000	1	1

（1）库存管理分为原料订单、原料库存、产品库存三个模块。

（2）基础价格：购买单件材料需要支付的价格。

（3）数量：初始材料数量，随着企业的购买量逐渐减少，每季度恢复到初始数量。

（4）送货周期：订购的原材料需要经过一定送货周期才能收货。

（5）账期：原材料收货后，要经过一定时间才能支付材料费。

（6）原料库存：企业拥有的原材料数量；可出售库存材料，出售时获得原料价值 80% 的货款（如出现小数向下取整）。

（7）产品库存：企业拥有的产品数量；可出售产品，出售时获得产品价值 80% 的货款（如出现小数向下取整）。

4. 产品图纸相关规则

产品图纸相关规则如表 3-8 所示。

表 3-8 产品图纸相关规则

产品名	碳排放量	开产费用/元	开产成本/元	R1	R2	R3	R4
P1	7	0	800	1	0	1	0
P2	5	0	2 000	2	2	0	1
P3	3	0	4 000	2	4	1	4

（1）产品图纸规则用于查看产品的构成。

（2）碳排放量：生产单件产品产生的碳排放量。

（3）开产费用：用于生产单件产品需支付的费用（若此处有值，则产品成本=原材料费用+计件工资+工人工资+开产费用）。

（4）开产成本：用于计算紧急采购产品的成本，如 P1 为 800 元，紧急采购倍数为 4，则紧急采购 1 个 P1 的成本为 3 200 元（此成本不代表实际的产品成本，仅用于计算紧急采购的产品成本价值）。

（5）R1、R2、R3、R4：生产产品所需用到的原材料个数，此个数为单件产品的材料数量。

5. 设计管理相关规则

设计管理相关规则如表 3-9 所示。

表 3-9 设计管理相关规则

特性名称	设计费用/元
T1	200
T2	200
T3	200

（1）与产品搭配使用，设计出最新的 BOM。

（2）设计费用：设计特性时需要花费的资金。

（3）设计完成生成新的版号。每次设计需重新支付设计费用（无论之前是否设计过）。

6. 特性研发管理相关规则

特性研发管理相关规则如表 3-10 所示。

表 3-10 特性研发管理相关规则

特性名称	初始研发值	当前研发值	单位研发费用/元	研发上限
T1	1	1	500	100
T2	1	1	1 000	100
T3	1	1	2 000	100

（1）用于提升企业特性等级，有助于企业获得订单。

（2）初始研发值：默认的研发值。

（3）当前研发值：展示当前经营状况中企业的研发值。

（4）单位研发费用；表示每提高1个研发值，需要花费的资金，费用=（目标值-当前值）×单位研发费用。

（5）研发上限：表示每种特性最高的研发等级，不可超过此等级。

3.2.3　财务总监需要领会的规则

1. 融资管理相关规则

融资管理相关规则如表3-11所示。

表3-11　　　　　　　　　　　融资管理相关规则

贷款名称	额度上限/倍	贷款时间/季	还款方式	利率
直接融资	3	1	本息同还	5%
短期银行融资	3	4	本息同还	10%
长期银行融资	3	8	每季付息，到期还本	2%

（1）融资管理即贷款，为企业提供贷款。

（2）额度上限：表示贷款的最高额度，贷款上限=上年所有者权益×额度上限。

（3）贷款时间：表示贷款后，需要经过多长时间才需要偿还。

（4）还款方式：偿还贷款的方式，有以下两种。

① 本息同还：贷款到期时一次性支付本金和利息。

② 每季付息，到期还本：表示贷款期间需每季度支付利息，到期时偿还本金。

（5）利率：用于计算贷款利息。

（6）贷款对报表的影响：现金增加、长期借款或短期借款增加。

2. 应收账款管理相关规则

（1）应收账款为交付订单后产生的应收款项，到期后可直接收款。

（2）若应收账款未到期，可参照贴现规则进行贴现。

应收账款管理相关规则如表3-12所示。

表3-12　　　　　　　　　　　应收账款管理相关规则

名称	收款期/季	贴息
4季贴现	4	8%
3季贴现	3	6%
2季贴现	2	4%
1季贴现	1	2%

- 贴现为企业立刻获得款项的一种方式，需支付一些贴息即立刻获得现金。
- 收款期：表示这笔货款，还需经过收款期才能收款（需主动收款，到期后不主动还款）。
- 贴息：债权人在收款期内，贴付一定利息提前取得资金的行为。不同收款期的贴现利息不同，如3季贴现10 000元，则需支付600（10 000×6%）元的贴息（如出现小数向上取整）。

（3）应收账款对财务报表的影响如下。

① 收款时：现金增加、应收账款减少。

② 贴现时：现金增加、财务费用增加、应收账款减少。

3. 应付账款管理相关规则

（1）应付账款：原材料的货款，材料收货后生成应付账款，应当及时缴纳。

（2）应付账款可提前支付，不可延期，若未按期支付，系统将强制扣除相应款项。

4. 费用管理相关规则

（1）缴纳日常费用：如管理费、贷款本金和贷款利息等。

（2）管理费：登录平台后可以"查看规则"，规则中为月度管理费，缴纳时应按季度缴纳。

（3）贷款本金：企业申请的贷款，到期后需要支付的本金。

（4）贷款利息：企业贷款的利息（如出现小数向上取整）。

5. 预算控制相关规则

预算控制相关规则如表 3-13 所示。

表 3-13　　　　　　　　　　　　　　预算控制相关规则

部门	上季度预算/元	上季度使用/元	上季度使用率	本季度预算/元
市场营销部	1 000	500	50%	3 000
生产设计部	1 000	500	50%	3 000
人力资源部	1 000	500	50%	3 000

（1）预算控制用于管理各部门的预算使用情况。

（2）上季度预算：该部门上季度发放的预算额度。

（3）上季度使用：该部门上季度实际使用的预算额度。

（4）上季度使用率：由上季度使用/上季度预算计算得出。

① 若上季度预算使用率小于 80% 或大于 120%，则扣除企业 10 000 分。

② 只有预算使用率在 80%～120% 企业才不会扣分；

（5）本季度预算：财务总监为各部门发放的预算使用额度，每季度应当先发放预算，否则其他总监无法花费资金。

注：生产总监收货时，虽然未实际支付材料款，但仍属于生产总监应当支付的费用，故发放预算时应当计算在内。

（6）预算额度用完时，可再次向财务总监申请预算资金，待审批通过后可使用。

6. 财务报表相关规则

（1）每年第四季度平台自动开启，填写财务报表后提交，系统自动判断正误。

（2）提交后其他任务锁定，只能查看不能操作。

（3）交税前先弥补以前年度亏损，弥补完成后直接按税率缴纳税金（出现小数，四舍五入取整），在规则表中查看税率。

7. 财务指标相关规则

（1）提交财务报表后，平台自动开启结算财务指标，填写完毕后提交，系统自动判断正误。

（2）提交后本年结束。

（3）流动比率=（现金+应收账款+在制品+产成品+原材料）/（短期负债+其他应付款+应交税金）。

（4）速动比率=（现金+应收账款）/（短期负债+其他应付款+应交税金）。

（5）资产负债率=负债总额/资产总额。

（6）产权比率=负债总额/所有者权益总额。

（7）营业净利率=（销售收入-直接成本-综合管理费用）/销售收入。

（8）成本费用利润率=（销售收入-直接成本-综合管理费用±营业外收支）/（直接成本+综合管理费用+财务费用）。

（9）资产报酬率=支付利息前利润/[（期初资产总计+期末资产总计）/2]。

（10）净资产收益率=净利润/[（期初所有者权益+期末所有者权益）/2]。

（11）营业收入增长率=（本年销售收入-上年销售收入）/上年销售收入。

（12）资本保值增值率=年末所有者权益/年初所有者权益。

（13）总资产增长率=（年末资产总额-年初资产总额）/年初资产总额。

（14）存货周转率=销售成本/[（期初在制品+期初产成品+期初原材料+期末在制品+期末产成品+期末原材料）/2]。

（15）存货周转天数=365/存货周转率。

（16）应收账款周转率=销售收入/[（期初应收账款+期末应收账款）/2]。

（17）应收账款周转天数=365/应收账款周转率。

（18）现金周转期=应收账款周转天数+存货周转天数-365/[销售成本/（期初材料应付款+期末材料应付款）/2]。

注：括号内除不尽的值先保留两位小数，再进行下一步计算（四舍五入保留2位小数）。

3.2.4 人力资源总监需要领会的规则

1. 招聘管理相关规则

招聘管理相关规则如表3-14所示。

表3-14　　　　　　　　　　招聘管理相关规则

名称	初始期望工资/元	计件工资/元	初始效率	数量
手工工人	1 500	50	60%	20
高级技工	6 000	150	60%	20

（1）招聘管理相关规则是指招聘工人时的规则。

（2）初始期望工资：工人平均月薪，市场中的工人月薪以此规则为基础，上下浮动。

（3）计件工资：工人生产时，单件产品的计件工资。

（4）初始效率：表示工人的初始效率，市场中工人效率以初始效率为基础上下浮动。

（5）数量：市场中初始的工人数量，假设第一年第二季度招了4个手工工人和5个高级技工，则在第一年第三季度工人数量仍会恢复到初始数量。

（6）发放offer：企业给工人确定薪酬，工人入职规则如下。

① 假设企业提供的工资为X，M为期望工资和中位工资（同级别所有员工的初始期望工资的中位数）比较后的低值。

② 当 $X/M < 70\%$ 时，工人一定不会入职。

③ 当 X/M 在 $70\% \sim 100\%$ 时，工人随机入职。

④ 当 $X/M \geqslant 100\%$ 时，工人一定入职。

（7）offer 发放完成可修改工人工资，以最后一次录入的工资为准。

（8）开出 offer 后，工人下季度入职，入职后下季度发放工资。

注：人力资源市场无竞争，工人不会随各企业提供的工资不同而择优入职。

2．工人管理相关规则

（1）该规则用于管理工人，为工人发放工资和决定是否解聘工人。

（2）工人状态：工作中（表示工人正在生产中）、培训中（表示工人正在接受培训）、空闲。

（3）统一发薪：一键发放所有工人的工资（月薪×3）。

（4）解聘：解聘时需要支付赔偿金，赔偿金=（N+1）×月薪。N=工人入职年限，向上取整。只有空闲状态的工人可被解聘。（若解聘时，工人处于欠薪状态，同时需要支付所欠工人的工资）。

（5）若一个季度未主动给工人发放工资，工人效率减半，持续两个季度未主动给工人发放工资，工人自动离职，并且强制扣除等同于解聘的赔偿金。

3．培训管理相关规则

培训管理相关规则如表 3-15 所示。

表 3-15　　　　　　　　　　　　培训管理相关规则

培训名称	消耗现金/元	消耗时间/季	原岗位	培训后岗位	工资涨幅
升级培训	5 000	1	手工工人	高级技工	100%

（1）培训管理是指提升工人等级，对低等级工人进行培训。

（2）消耗现金：培训一个工人需要花费多少资金，为一次性费用。

（3）消耗时间：表示培训工人需要消耗多长时间，经过此时间后工人等级升级。

（4）工资涨幅：表示培训后工人的工资涨薪比率，工人效率不变。

注：只有状态为空闲的手工工人能够参加培训，培训期间无法上工生产。

4．激励管理相关规则

激励管理相关规则如表 3-16 所示。

表 3-16　　　　　　　　　　　　激励管理相关规则

激励名称	提升效率比例
奖金激励	30%
涨薪激励	60%

（1）激励管理用于提升工人的工作效率，分为奖金激励和涨薪激励两种方式。

（2）奖金激励：激励费为一次性费用，需立即支付，对工资无影响。

（3）涨薪激励：涨薪方式为增加工人的月薪，自涨薪季度起，之后每月月薪都需加上涨薪金额。

（4）提升效率比例：每 10 000 元所提升的工人效率，如给某工人涨薪 10 000 元，则该工人的效率提升 60%，如果想通过涨薪的方式给某工人提升 1%的效率，则需给该工人涨 167 元的薪资（如出现小数向上取整）。

学以致用

1. 营销总监

（1）你会一开局就把 ISO 资质和市场全部开启吗？

（2）第一年第四季度，你突然发现竞争对手的原材料数量骤减，你认为可能的原因是什么？你会如何应对？

（3）作为营销总监，你会考虑囤货吗？你觉得什么情况下可以囤货？

2. 生产总监

（1）假设第三年分配碳排放量 19 000，请根据表 3-17 设计最优生产线结构。

表 3-17　　　　　　　　　　碳排放量信息

产品/生产线	碳排放标准	利润	产量	数量
P2	5/个	2 000 元/个		
P3	8/个	3 000 元/个		
自动线	10/条		30 个	10 条
智能线	5/条		50 个	6 条

（2）你会选择 12 时制开产吗？如果会，那么是在什么情况下呢？

3. 人力资源总监

（1）什么情况下需要解聘员工呢？

（2）根据表 3-18 相关激励信息，若员工小城聘用时效率是 60%，要提升其工作效率到 100%，那么需要支付多少元激励费用呢？

若员工小城目前工资是 4 000 元/月，效率是 60%，如果涨薪 200 元，小城的效率提升为多少呢？涨薪是从当季开始支付吗？

表 3-18　　　　　　　　　　激励规则

激励名称	编码	提升效率比例
奖金激励	JL1	30%
涨薪激励	JL2	100%

4. 财务总监

（1）贷款额度以所有者权益的三倍为上限，你会一次性用完这个额度吗？

（2）第一年第三季度营销部门交单以后，为扩大再生产需要通过贷款和贴现方式来维持现金流。这两种方式有没有优先级别呢？如果有，是贷款还是贴现优先呢？

学习评价

评价分自评、互评和教师点评。首先，进行组内成员职业素养自评；其次，由成员根据个人自评结果并结合日常表现进行互评；最后，教师点评。自评分数作为参考，互评和教师评价各占 50%，将得分填入相应得分栏目中。

1. 职业素养自评表

在职业素养自评表（见表 3-19）对应题号相应选项的□中打√，A 表示通过，B 表示基本通过，C 表示未通过。

表 3-19　　　　　　　　　　　　　　　　职业素养自评表

职业素养	评估标准	自测结果		自测得分
责任心	责任心是指对自己的所作所为负责,对他人、对组织承担责任和履行义务的自觉态度。 1. 勇于承担工作中出现的问题,从不推卸责任 2. 能从企业利益出发,自觉承担责任和履行义务,监督和指导同事完成工作	1. □A　□B 　□C 2. □A　□B 　□C		
主动性	主动性是指员工在日常工作中,能够不需要他人指派,主动承担相应工作的素质。主动性行为描述如下。 1. 表现出对工作的热情,不需要任何正式的授权形式,个人完成工作 2. 承担远超过要求的工作任务,并积极努力地完成 3. 通过自身努力拓展工作内涵,获取新知识、新经验	1. □A　□B 　□C 2. □A　□B 　□C 3. □A　□B 　□C		
忠诚度	忠诚度是指员工对工作、团队、组织的信任及在关键事件上对企业利益的维护程度、以企业利益为重的意识。 1. 员工对工作、团队、组织高度信任,能积极向领导、同事表达自己对企业存在问题的想法和意见 2. 当出现问题时,能以企业利益为重,必要时牺牲个人利益 3. 在企业利益受损时,能主动维护企业利益	1. □A　□B 　□C 2. □A　□B 　□C 3. □A　□B 　□C		
坚韧性	坚韧性也可称为耐受力、抗压能力、自我控制能力和意志力等,是指人们在巨大的压力环境下,克服外部和自身的困难,坚持完成指定任务的倾向。 1. 能承受压力,在困难或威胁面前毫不动摇 2. 面对压力时能进行自我调节,付出辛勤努力,知难而进,坚持不懈完成任务目标	1. □A　□B 　□C 2. □A　□B 　□C		
纪律性	纪律性是指个人自觉遵守企业各项管理制度,保证个人行为及工作行为不与企业的管理制度和工作原则相抵触的意愿。 1. 能自觉遵守企业各项管理制度,无违纪行为 2. 能积极监督或引导同事遵守企业各项管理制度,且效果显著	1. □A　□B 　□C 2. □A　□B 　□C		
自信心	自信心是一种对自己的观点、决定和完成任务的能力、有效解决问题的能力的自我信仰。 1. 承担有挑战性、有风险的工作,因为有挑战而兴奋,不断寻找和追求新的挑战 2. 接受困难的工作,出现问题时仍保持积极心态,并坚信自己能够解决	1. □A　□B 　□C 2. □A　□B 　□C		
成就导向	成就导向又称为成就欲、进取心,是指个人希望更好地完成工作或达到某一绩效标准、强烈追求成功的持续性愿望。 1. 设定挑战的目标,并通过不断学习或请教同事来高标准地完成工作任务。 2. 采取充分的行动,在完成工作或工作过程中进行总结创新,并应用于今后的工作中 3. 不满足于平均业绩,追求卓越	1. □A　□B 　□C 2. □A　□B 　□C 3. □A　□B 　□C		
敬业精神	敬业精神是指个人调整自己的行为使其符合组织要求和组织利益的愿望和能力。 1. 有专业思想,热爱本职工作,有旺盛的进取意识,利用各种资源使工作成果最大化 2. 以企业利益及整体和谐性为标准,调整自己的行为	1. □A　□B 　□C 2. □A　□B 　□C		

续表

职业素养	评估标准	自测结果	自测得分
诚信意识	诚信意识是指以诚实、善良的心态行使权利、履行义务，不受个人利益、好恶的影响，信守承诺。 个人能以诚实、善良的心态行使权利、履行义务、信守承诺	□A　□B □C	
成本意识	成本意识是指在保证正常工作状态和质量的前提下，通过控制成本、增加产出、优化流程等手段，节约资源，使利润最大化的意识。 1. 工作中将成本控制在预算范围内，积极寻找降低成本的方法 2. 能对成本控制及流程优化提出有效建议，且效果显著 3. 对周围的浪费情况进行制止，与同事分享节约成本及资源的方法并进行推广。	1. □A　□B □C 2. □A　□B □C 3. □A　□B □C	
全局观	全局观是指个人在开展工作或进行决策时，能够考虑他人、其他部门或企业整体的情况，从组织的整体或长远利益出发，顾全大局，为了整体利益能够牺牲局部利益或个人利益。 1. 不计较个人得失，服从指挥，贯彻命令 2. 清楚企业各部门或人员的关联性及其他部门的职能 3. 能与其他部门或人员求同存异，积极开展合作 4. 能从全局出发，积极协助其他部门或人员完成工作	1. □A　□B □C 2. □A　□B □C 3. □A　□B □C 4. □A　□B □C	
小计			

评分说明：选 A 得 3 分，选 B 得 2 分，选 C 得 1 分，最高 81 分

学生签字：　　　　　　　教师签字：　　　　　　　　　　年　　月　　日

2. 职业素养测评表

职业素养测评表如表 3-20 所示。

表 3-20　　　　　　　　　　　　职业素养测评表

评价内容	考核点	考核得分		
		小组评价	教师评价	综合得分
职业素养（60 分）	责任心、主动性、忠诚度、坚韧性、纪律性、自信心、成就导向、敬业精神、诚信意识、成本意识、全局观			
成果（40 分）	经营成果排名			

第4章 ERP 企业经营沙盘模拟实战

学习目标

了解企业生产经营管理策略并能正确使用策略，团队合作完成企业 4 年的模拟经营；理解各岗位职责。

工作任务

1. 掌握企业生产经营管理策略。
2. 模拟企业 4 年的生产经营。

4.1 踏上征程——引导年

课前导入

中国太保管理层平稳交接

中国太平洋保险（集团）股份有限公司（简称中国太保），作为我国第一家全国性股份制商业保险公司，在 2023 年底迎来了新一轮管理层交接。2024 年 2 月 29 日，2024 年第一次临时股东大会在上海市徐汇区召开，会上总裁赵永刚表示，中国太保在寿险业务方面，需要提升长航转型的有效性，加快建设满足多元化需求的产品和服务供应体系，实现养老传承、财富管理和健康保障业务的均衡发展。在代理人渠道方面，要加强高质量代理人的招募和培训，实现核心能力和产能的双提升；在银保渠道方面要打造差异化的竞争优势，提高价值规模的贡献。同时，继续深化组织架构改革，做实赋能型总部和经营型机构，进一步优化投入产出比。车险方面，要着力形成差异化的竞争策略，精细化管理，非车险业务要加强策略引导和能力建设，提高对新兴领域的风险识别和管理能力。

思考：中国太保新管理层的改革举措将对公司带来什么影响？

ERP 企业经营沙盘模拟课程把参加训练的学生分成若干小组，每组 4 人，每组代表不同的虚拟企业。在这个训练中，每个小组的成员将分别担任企业中的重要职位（财务总监、人力资源总监、营销总监、生产总监等），若干企业是同行业中的竞争对手。各组成员从先前的管理团队中接手企业，在激烈的竞争中，将企业向前推进、进行数智化转型，直到企业完全成为数智化企业。新管理层接手企业需要一个适应阶段，在这个阶段，新管理层需要与原管理层交接工作，熟悉企业内部的运营流程。这时新管理层主要是进行团队磨合，进一步熟悉规则，明晰企业运行流程的过程。

4.1.1 熟悉基本规则

1. 企业经营阶段划分

本书立足实际工作场景，重点考核学生企业经营管理综合职业能力和数智化素养。学生根据企业背景资料，利用竞赛平台，模拟企业从信息化经营模拟阶段到数字化经营模拟阶段的全过程。企业经营主要分为四个岗位：财务总监、生产总监、营销总监、人力资源总监，四个岗位的人员协同完成四个年度企业经营活动。信息化经营模拟阶段主要考查团队战略目标的确定、分析、选择与评价、实施、控制等企业战略管理基本能力，运营规划、质量管理及营销、供应链、财务管理等企业运营管理能力。团队依据 PDCA 理论，采用规划与模拟经营相结合的方式，综合展现团队项目管理能力及信息化管理素养。数字化经营模拟阶段主要考查团队利用智能算法、RPA 机器人、数据可视化分析等数字化技术，进行企业数字化管理与协同、数字信息分析与决策，使企业生产、加工、储存、人力、营销等管理活动得以转型。两个阶段均由系统自动评分。

竞赛分为企业信息化经营模拟阶段和企业数字化经营模拟阶段两个阶段，总分 100 分。各模块说明如表 4-1 所示。

表 4-1　　　　　　　　　　　　运营阶段说明

模块	主要内容	比赛时长	分值占比
模块一 企业信息化经营 模拟阶段 （1、2 经营年）	企业信息化经营模拟阶段。分析市场需求与经营参数，制定未来两年经营规划。依据市场需求和竞争态势实施市场营销，获取订单。根据订单，以销定产，通过人力资源招聘、营运资金管理、供应链生产管理生产产品、交付订单、获取利润，推进企业发展，检验团队企业经营管理综合能力 在沙盘模拟中运用管理工具。（P）计划：年初进行战略规划，设定盈利目标，实施计划，制定收支预算。（D）执行：执行信息化企业经营全流程，依据目标与计划实施。（C）检查：以提交年末报表为结束点，结束时，对执行结果检查，系统自动输出计划完成率。（A）处理：对检查结果进行明细查看与总结	250 分钟	30%
模块二 企业数字化经营 模拟阶段 （3、4 经营年）	在沙盘模拟中应用数字化技术构建数字化管理平台。①RPA 机器人设计：设计 RPA 机器人可以自动处理的任务及条件。②智能招聘算法设计：设定智能筛选简历的关键指标及排序逻辑。③智能生产算法设计：设定智能生产算法的关键环节及判断逻辑。④经营数据可视化：设定数据指标与维度，将数据进行可视化呈现，形成看板，辅助决策。 企业数字化经营模拟阶段：使用数字化管理平台驱动营销管理、生产管理、人力资源管理、财务管理，实时分析企业竞品、企业各类信息，挖掘数据，依据数据经营，以数字技术、数字意识驱动企业数字化变革，展现团队的协作意识、创新意识	230 分钟	70%

2. 各岗位规则

每组由 4 位学生组成，分别担任财务总监、人力资源总监、营销总监、生产总监，每位学生除了应该熟悉每个企业的基本运营规则之外，还应该认真研究自己所属岗位的相关规则，和团队一起共同完成企业 4 年的运营任务。

（1）营销总监岗位规则。

① 市场预测。

② 销售渠道规则。

③ 产品资质规则。

④ ISO 资质规则。

⑤ 促销广告规则。

⑥ 订单获取。

（2）生产总监岗位规则。

① 设备相关规则。

② 工人管理规则。

③ 库存相关规则。

④ 产品图纸相关规则。

⑤ 设计管理相关规则。

⑥ 特性研发管理相关规则。

（3）财务总监岗位规则。

① 融资管理相关规则。

② 应收账款管理相关规则。

③ 应付账款管理相关规则。

④ 费用管理相关规则。

⑤ 预算控制相关规则。

⑥ 财务报表相关规则。

⑦ 财务指标相关规则。

（4）人力资源总监岗位规则。

① 招聘管理相关规则。

② 工人管理相关规则。

③ 培训管理相关规则。

④ 激励管理相关规则。

4.1.2　任务分布

每个小组都是一个虚拟企业，不同岗位的学生必须清楚自己的岗位基本任务，并且要配合好其他学生完成企业的运营任务。

1. 营销总监

（1）基本任务。

① 分析市场，做出市场预测。

② 开拓市场资质认证。

③ 开发产品研发资质、进行 ISO 质量认证。

④ 投放促销广告。

⑤ 经销商订单竞标。

⑥ 订单交付，销售管理。

（2）操作任务。

营销总监的操作任务如表 4-2 所示。

表 4-2 营销总监的操作任务

序号	任务	具体操作
①	渠	渠道管理
②	产	产品管理
③	促	促销管理
④	竞	竞单管理
⑤	售	交付管理

① 渠道管理。

A. 以投入资金的季度开始计时，经过开拓周期之后，完成开拓。

B. 每个渠道均可开拓，不同的销售渠道，所需开拓金额不同，开拓资金一次性扣除。

C. 开拓完成后，系统自动授予市场资质（注：开拓结束日的下个季度才能生效，如第一年第二季度开拓亚洲市场，在第二年第一季度才可在该市场销售产品）。

D. 只有获得市场资质后才允许在该市场销售产品。

② 产品管理。

A. 以投入资金的季度开始计时，经过一定时间之后，完成研发。

B. 产品类别不同，所需研发金额不同，研发资金一次性扣除。

C. 投资研发到期后，系统自动授予产品生产资质（注：研发结束日的下个季度才能生效）。

D. 只有获得产品资质后才允许生产线开工生产。

E. 产品应当配合特性开产，具体如何搭配，详细规则见表 1-3。

③ 促销管理。

A. 投放促销广告的目的是提升该市场中本企业的企业知名度排名，订单按照申报者的企业知名度排名顺序进行分配。企业知名度排名靠前的企业，更容易被分到申报的产品数量。

B. 促销广告应在开启订货会前的任意时间内完成投放，直接用于本季度企业知名度排名，促销广告仅在下次竞单前有效，竞单结束后，促销广告不再影响企业知名度排名。

C. 促销广告分市场投放，每个市场投放的广告只影响本市场本季度的企业知名度排名。

D. 促销广告可在竞单开始前多次投放，总额度依次累计叠加。

④ 竞单管理。

A. 订单申报。

a. 在规定时间内，各队同时进行订单数量申报，互不冲突。在选单结束进行订单分配时，根据各队的企业知名度排序算出各企业得分，确定各队实际申报到的订单。

b. 以队为单位进行订单申报，可同时进行所有市场、产品的订单申报（前提是获取在该市场销售的资质），即选择一张订单，填写需要获取的产品数量，然后单击【申报】按钮提交申请，申请产品的数量将被显示在订单表的"申报详情"栏中。

c. 所有岗位均可进行任何市场的订单申报，系统只更新最后一次申报的数量。

d. 在"申报数量"处，输入"0"，则为取消该市场申报的订单。

B. 订单分配。

a. 申报分组。

• 并非企业申报即入围，入围需要条件。

• 入围有两个条件：企业有该 ISO 资格，企业报价未超过参考价。

• 每个订单生成入围列表。

b. 标的分配。

• 根据公式 $Y=$ 知名度 $+$ 商誉 $\times$ 市场占有率 $\times$ （参考价 $-$ 报价） $+1\,000\times$ 特性研发值，算出各队伍得分（知名度等同于投入的广告额度，特性研发值即研发管理的相应技术的研发值）。

• 得分最高的队伍，可以获得所申报的全部数量。

• 按照排名顺次分配，直到数量不足。

• 当所剩数量不足分配时，只分配剩余数量。

• N 组分数相同时，分配顺位相同，当剩余数量 A 不满足其申报数量时：抽取其中最小的申报数量 M，每队分配 M 数量，若 A 还小于 $N\times M$，则每队分配 $A\times N$（向下取整）张订单。

⑤ 交付管理。

A. 销售订单为企业在竞单页面申请并完成分配后，企业所获取的订单。

B. 订单状态：当年分配的所有订单，均可在交付管理页面查询。

C. 所有订单必须在订单规定的交货季度（包括本季）前，按照订单规定的数量交货，订单不能拆分交货。

D. 交货季度后仍未完成交货的订单，产生违约金，并且扣除 1 点商誉值，原订单显示"违约"状态，不能执行交货操作。

E. 交货时，判断库存中符合条件的产品是否充足。若充足，则扣除相应数量的产品库存，交货完成日期是应收账款的起点日期；

F. 当本订单为"已交货"状态，订单成本显示在交付管理页面。

2. 生产总监

（1）基本任务。

① 管理生产设备，包括安装、拆除、转产设备等。

② 管理生产工人，合理安排工人。

③ 订购原材料，管理原材料出入库。

④ 管理产成品，管理产成品出入库。

⑤ 管理产品设计图纸，更新设计。

⑥ 管理企业特性研发，升级技术。

（2）操作任务。

生产总监的操作任务如表 4-3 所示。

表 4–3　　　　　　　　　　　　　生产总监的操作任务

序号	任务	具体操作
①	人	工人管理
②	机	设备管理
③	料	库存管理
④	法	设计管理
⑤	研	研发管理

① 工人管理。

A. 工人管理分为两个板块——设备管理和在职工人

B. 在设备管理板块，有班次、手工工人、高级技工、实际产量等信息。

C. 可针对停产状态的生产线，进行工人配置，配置完成后单击【保存】按钮即可。

D. 应当依照设备规则，为该生产线配置相应的工人；工人配置完成后，单击【保存】按钮后系统自动算出实际产量，当实际产量出现后，表示该生产线配置完成。

E. 班次表示此生产线工人的工作时长，分为8时制和12时制，班次不同，所产出的产能加成不同（注：12时制一方面会使工人产量增加，另一方面会大幅降低工人的工作效率）。

F. 根据工人和班次，即可计算出实际产量，公式为：基础产能×（1+初级工效率之和/4+高级工效率之和）×班次加成。

G. 在在职工人板块可查看本企业已有工人，可单击【招聘需求填报】按钮，填写招聘需求。

② 设备管理。

A. 单击任务栏中【机】按钮，进入设备管理页面。

B. 在设备管理下选择线型，选择产品，单击【新增】按钮即完成生产线购买。

C. 已经安装完成的生产线，可直接生产，单击【生产】按钮即可。

D. 单击【拆除】按钮，将此条生产线设备出售。

E. 单击【转产】按钮，将原来的产品转产成另一种产品。

③ 库存管理。

A. 单击【料】按钮，进入库存管理页面。

B. 在库存管理页面中，单击【下单】按钮，弹出下单信息对话框。

C. 在对话框中填写具体数字，单击【确定】按钮，完成订购原材料操作。

D. 页面最下方的原料订单、原料库存、产品库存板块可随意切换，查看详情。

E. 单击【收货】按钮，将订购的原材料收入库中。

F. 在原料库存、产品库存板块可查看具体的库存数量，单击【出售】按钮，可将库存折价出售。

④ 设计管理。

A. 在设计管理页面选择对应的产品原型（P1、P2、P3）+特性（T1、T2、T3）即组成全新的产品，设计完成时需支付设计费用。

B. 每次设计完成后，均有版本号，版本号按照设计次数，从1.0开始，按1.1、1.2依次类推。每次设计需重新支付设计费用（无论是否设计过）。

⑤ 研发管理。

初始特性研发值为1，每次研发目标值不得小于当前值，输入目标值后，计算出研发所需费用，费用=（目标值-当前值）×单位研发费用。单击【研发】按钮，立刻扣除费用。特性研发值的提升有助于企业获取订单。

3. 财务总监

（1）基本任务。

① 管理企业现金流，完成业务部门预算管理。

② 管理融资决策。

③ 管理企业收款和付款。

④ 管理日常费用缴纳。

⑤ 填写财务报表，完成报表管理。

⑥ 实时监控企业各项指标。

⑦ 用大数据分析企业现状。

（2）操作任务。

财务总监的操作任务如表 4-4 所示。

表 4-4　　　　　　　　　　　　　　财务总监的操作任务

序号	任务	具体操作
①	融	融资管理
②	收	应收账款管理
③	付	应付账款管理
④	费	费用管理
⑤	控	预算控制
⑥	表	报表管理

① 融资管理。

A. 贷款额度：上年权益 × 额度计算倍数（上年权益额从上年资产负债表提取）。

B. 贷款类型：可以自由组合，但长短贷额度之和不能超出上年权益的 3 倍。

C. 贷款申请时间：各年正常经营的任何日期（不包括"年初"和"年末"）。

D. 贷款是以套餐方式提供的，贷款中规定了每类贷款的具体参数，如：短期银行融资套餐，额度为 1 000 元，单击【确定】按钮即可完成贷款。贷款完成后，相关信息会在融资现状中显示。

E. 贷款/利息的还款规则如下。

a. 系统每季度提供本季度到期贷款和利息的账单，在费用管理页面查询还款金额和归还贷款及利息。

b. 产生的费用应当及时归还，否则系统自动扣除该费用，并且扣除商誉值。

② 应收账款管理——订单。

A. 应收账款是企业应收但未收到的款项，收到后会增加企业现金流。

B. 收款日期是从确认应收账款日到约定收款日的期间。

C. 贴现是指债权人在收款期内，贴付一定利息提前取得资金的行为。不同收款期的贴现利息不同。

D. 贴现后，获得扣除贴息外的现金，贴息计入财务费用，系统自动扣除。

贴现规则如表 4-5 所示。

表 4-5　　　　　　　　　　　　　　贴现规则

名称	收款期/季	贴息/%
1 季贴现	1	2
2 季贴现	2	3
3 季贴现	3	5
4 季贴现	4	7

③ 应付账款管理——原材料。

A. 应付账款为企业应当支付但未支付的账款，计为短期负债，原材料收货后，如果不立刻付款，产生一个季度（以规则为准）的应付账款。

B. 应付账款可提前支付，需注意，提前支付将占用现金流。

C. 应付账款逾期支付，系统自动扣除，并扣减企业商誉值。

④ 费用管理。

A. 每季系统按照规定的计算方式，自动计算出本月应交的费用，分别列示在当月应交费用表内；利息和银行贷款也在该费用表中一并处理。

B. 费用支付有系统自动扣减和手动支付两种。

a. 自动扣减：系统自动执行支付（如：所得税和折旧）。

b. 手动支付：在本季任何时间，先手动选择要支付的费用，单击【支付】按钮执行支付操作。

c. 如果订单无法按时交货，按违约处理。需要额外计算违约金（违约金=该订单收入总额×违约比例）。

⑤ 预算控制。

A. 预算控制下有三个部门分别为：市场营销部、生产设计部、人力资源部。

B. 部门不同所需要的资金不同，应在对应部门的【本季度预算】页面中填写预算好的金额，三个部门同时填写，单击【确定】按钮即为预算划拨成功，一旦确定无法更改。

C. 每季度预算金额会在下季度【上季度预算】页面中显示，【上季度使用】页面中显示上季度本岗位具体使用金额，【使用率】页面显示上季度使用金额占已调拨金额的比例，当比例小于80%或大于120%时，将影响企业得分。

D. 当预算额度用完时，可依据使用情况多次向财务总监申请预算（在申请预算页面，无须各总监填写具体金额，系统自动计算），财务总监可依照实际情况决定是否通过。

⑥ 报表管理。

综合费用表如表4-6所示。

表4-6 综合费用表

项目	值
管理费	
广告费	
产线维修费转产费	
市场开拓	
产品资质申请	
ISO认证申请	
信息费	
产品设计费	
…	

利润表如表4-7所示。

表4-7 利润表

项目	值
销售收入	
直接成本	
毛利	
综合费用	
折旧前利润	

项目	值
折旧	
支付利息前利润	
财务费用	
营业外收入	
税前利润	
所得税	
净利润	

资产负债表如表 4-8 所示。

表 4-8　　　　　　　　　　　资产负债表

资产		负债和所有者权益	
现金		长期负债	
在制品		短期负债	
应收款		其他应付款	
产成品		应交税金	
原材料		负债合计	
流动资产合计		股东资本	
土地与设备		利润留存	
在建工程		年度净利	
固定资产合计		所有者权益合计	
资产合计		负债和所有者权益合计	

4.　人力资源总监

（1）基本任务。

① 开展工人招聘工作。

② 管理工人，计算并发放工人薪资。

③ 开展培训，强化工人技能。

④ 对工人进行激励管理，提升工人的工作效率。

（2）操作任务。

人力资源总监的操作任务如表 4-9 所示。

表 4-9　　　　　　　　　　　人力资源总监的操作任务

序号	任务	具体操作
①	选	招聘管理
②	用	岗位管理
③	育	培训管理
④	留	激励管理

① 招聘管理。

A. 招聘管理页面有两个板块，人力资源需求板块展示的是生产总监在工人管理页面中填写的招聘需求，使人力资源总监明确目前企业需要招聘多少人；（如生产总监无招聘需求，人力资源总监也可自行招聘）。

B. 人力资源市场板块展示的是人才市场，系统随机投入各类工人，人力资源总监应当依照等级、基础效率、期望月薪来选择性价比较高的工人，选取成功，单击【发 offer】按钮即可。

C. 发放 offer 时，应当填写工资。

a. 假设开出工资为 X。

b. 按期望工资与中位工资孰低计算，假设该工资为 M。

c. 当 $X/M < 70\%$ 时，则工人不会入职。

d. 当 X/M 取值在 70%～100%时，工人随机入职。

e. 当 $X/M \geqslant 100\%$ 时，工人会入职。

D. offer 发放完成可单击【修改】按钮用于修改工人工资，以最后一次录入的工资为准。

E. 企业发出 offer 后，下季度开始，可查看工人是否入职。

② 岗位管理。

A. 工人状态分为三种，"工作中"表示该工人目前正在生产中，不可进行解雇操作；"培训中"表示该工人正在接受培训，无法进行其他操作；只有"空闲"状态的工人可被解聘。

B. 岗位管理页面有【统一发薪】按钮，单击可一键发放全部薪水。

C. 企业可解聘工人，需要支付赔偿金，赔偿金=（N+1）×月薪。N=工人入职年限，向上取整。只有"空闲"状态的工人可被解聘。（若解聘时，工人处于欠薪状态，同时需要支付所欠工人工资）。

D. 若工人某季度未被发放薪水，视为拖欠工资，跨越季度时系统强制扣除，且被拖欠工资的工人效率减半；若工人被连续拖欠工资两个季度，则该工人直接离职，并且系统强行扣除企业等同于解聘的赔偿金，并扣除 5 点商誉值。

③ 培训管理。

A. 培训管理是指为提升工人的等级，对低等级工人进行培训，培训工人的费用为消耗现金，消耗现金表示培训一个工人需要花费的资金量，为一次性费用，相当于培训一个工人花费 5 000 元，培训两个工人花费 10 000 元，依此类推。

B. 消耗时间为自开始培训到培训完成所需的时间，培训结束后，工人可随意配置在生产线内，培训期间无法进行配置操作（如第一年第二季度开始培训，则第一年第三季度培训完成时才可任意支配工人）。

C. 工人培训前为手工工人，培训结束后为高级技工，高级技工无法再次培训。

D. 培训完成后工人工资翻倍，工作效率不变。

④ 激励管理。

A. 工人激励分为奖金激励、涨薪激励两种方式，激励方式不同，提升效率比例不同，具体比例如表 4-10 所示。

表 4-10   工人激励效果

激励名称	效率提升比例
奖金激励	20%
涨薪激励	36%

B. 在奖金激励方式下，支付的资金为一次性费用，支付费用后，工人效率每万元提升 20%（万分比率，如投资 5 000 元，效率提升 10%），工人工资不变。

C. 涨薪则改变工人工资，自涨薪季度起，之后工人每月的工资=涨薪金额+原本工资，工人效率每万元提升 36%。

4.1.3　战略规划

1. 企业战略和企业战略管理

企业战略分 3 个层次：公司战略、业务战略和职能战略。

（1）公司战略又称总体战略，是企业最高层次的战略，主要关注两个问题：公司经营什么业务，公司总部如何管理多个业务单位来实现企业价值。

（2）业务战略又称经营战略，主要关注企业经营的各个业务如何获得竞争优势。

（3）职能战略主要包括市场营销策略、财务管理策略、人力资源管理策略、研发策略、生产策略等。

企业战略管理是指企业战略的分析与制定、评价与选择以及实施与控制，是使企业能够达到其战略目标的动态管理过程。

2. 企业战略分析方法

在对企业的宏观环境、企业行业及竞争环境、企业内部条件等进行详细的分析后，需要为其选择合适的竞争战略，SWOT 分析法是最常用的工具之一。SWOT 分析，是基于内外部竞争环境和竞争条件下的态势分析，即将与研究对象密切相关的各种主要内部优势、劣势和外部的机会和威胁等，通过调查列举出来，并依照矩阵形式排列，然后用系统分析的思想把各种因素相互匹配起来加以分析，从中得出一系列相应的结论，这些结论通常带有一定的决策性。SWOT 分析如图 4-1 所示。

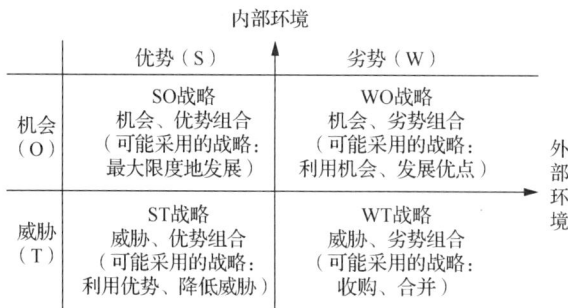

图 4-1　SWOT 分析

3. 企业发展战略

企业发展战略有 3 类：密集型发展战略、一体化发展战略、多元化发展战略。

（1）密集型发展战略是企业在原有生产范围内充分利用产品和市场方面的潜力来求得成长的发展战略，主要方法有市场渗透、产品开发和市场开发。

（2）一体化发展战略是指通过资产纽带或契约方式，企业与其业务的输入或输出端的企业联合或类似的企业联合，形成一个统一的经济组织，从而达到降低交易费用及其他成本、提高经济效益的战略。

（3）多元化发展战略是指一个企业同时在两个以上的行业从事生产经营活动或同时生产或

提供两种以上基本经济用途不同的产品和服务的战略。

4．财务预算报表的编制和相关表格

（1）引导年企业经营的财务预算表（见表4-11）。

表4-11　　　　　　　　　　　引导年企业经营的财务预算表

费用事项	时间			
	第一季度	第二季度	第三季度	第四季度
初始现金		—	—	—
所得税	—	—	—	—
可借金额				
季初现金				
广告费用				
开拓市场渠道				
产品研发				
ISO 认证				
数字化开发				
营销总监费用合计				
还本				
付息				
管理费				
维修费				
数字化开发				
财务总监费用合计				
新建生产线				
出售生产线				
转产				
特性升级				
设计费用				
生产费用				
计件工资				
原材料				
数字化开发				
生产总监费用合计				
培训/激励				
工人薪资				
辞退福利				
数字化开发				
人力资源总监费用合计				

续表

费用事项	时间			
	第一季度	第二季度	第三季度	第四季度
应收账款				
贴息				
贴现				
信息费				
碳中和费				
违约金				
长期贷款				
短期贷款				
直接贷款				
季末现金				

（2）引导年运行控制表（见表 4-12）。

表 4-12　　　　　　　　　　引导年运行控制表

岗位	具体任务	第一季度	第二季度	第三季度	第四季度
营销总监	渠道（国内、亚洲、国际）管理				
	产品（P1、P2、P3）管理				
	促销管理				
	竞单管理				
	交付管理				
生产总监	工人管理				
	设备管理				
	库存管理				
	设计管理				
	研发管理				
财务总监	融资管理				
	应收账款管理				
	应付账款管理				
	费用管理				
	预算控制				
	报表管理				
人力资源总监	招聘管理				
	岗位管理				
	培训管理				
	激励管理				

（3）引导年订单登记表（见表4-13）。

表4-13 引导年订单登记表

订单号										合计
市场										—
产品										—
数量										—
账期										—
销售额										
成本										
毛利										
未售										

（4）引导年产品核算统计表（见表4-14）。

表4-14 引导年产品核算统计表

项目	P1	P2	P3	合计
数量				
销售额				
成本				
毛利				

（5）引导年综合管理费用明细表（见表4-15）。

表4-15 引导年综合管理费用明细表 单位：元

项目	金额	备注
管理费		
广告费		
保养费		
租 金		
转产费		
市场准入开拓		□国内　　□亚洲　　□国际
ISO 资格认证		□ISO 9000　　□ISO 14000
产品研发		P2（　　）P3（　　）
其 他		
合 计		

（6）引导年利润表（见表4-16）。

表4-16 引导年利润表 单位：元

项目	上年数	本年数
销售收入		
直接成本		

续表

项目	上年数	本年数
毛利		
综合费用		
折旧前利润		
折旧		
支付利息前利润		
财务收入/支出		
其他收入/支出		
税前利润		
所得税		
净利润		

（7）引导年资产负债表（见表 4-17）。

表 4-17   引导年资产负债表   单位：元

资产	期初数	期末数	负债和所有者权益	期初数	期末数
流动资产：			负债：		
现金			长期负债		
应收款			短期负债		
在制品			应付账款		
成品			应交税金		
原料			一年内到期的长期负债		
流动资产合计			负债合计		
固定资产：			所有者权益：		
土地和建筑			股东资本		
机器与设备			利润留存		
在建工程			年度净利		
固定资产合计			所有者权益合计		
资产总计			负债和所有者权益总计		

（8）引导年产成品台账（见表 4-18）。

表 4-18   引导年产成品台账

操作顺序	任务清单	第一季度			第二季度			第三季度			第四季度		
		P1	P2	P3	P1	P2	P3	P1	P2	P3	P1	P2	P3
1	季初产成品盘点数量												
2	更新短期贷款 / 还本付息												
3	申请短期贷款												
4	更新应付款 / 归还应付款												
5	原材料入库 / 更新原料订单												
6	下原料订单												

续表

操作顺序	任务清单	第一季度			第二季度			第三季度			第四季度		
		P1	P2	P3	P1	P2	P3	P1	P2	P3	P1	P2	P3
7	更新生产／完工入库												
8	新生产线投资／变卖／转产												
9	向其他企业购买／出售原材料												
10	开始下一批生产												
11	更新应收款／应收款收现												
12	出售厂房												
13	向其他企业购买／出售成品												
14	按订单交货												
15	产品研发投资												
16	支付行政管理费												
17	其他现金收支情况登记												
18	本季产成品入库合计												
19	本季产成品出库合计												
20	季末产成品库存数量												

注：营销总监使用本表记录所管理的产成品库存的变化情况。当执行任务中产成品库存数量发生改变时，请营销总监在相应的单元格内填入出库、入库的产成品数量（以"+"表示入库，以"-"表示出库）；执行步骤按照任务清单的顺序号进行。

（9）引导年在制品台账（见表4-19）。

表4-19　　　　　　　　　　　　引导年在制品台账

操作顺序	任务清单	第一季度			第二季度			第三季度			第四季度		
		P1	P2	P3	P1	P2	P3	P1	P2	P3	P1	P2	P3
1	季初在制品盘点数量												
2	更新短期贷款／还本付息												
3	申请短期贷款												
4	更新应付款／归还应付款												
5	原材料入库／更新原料订单												
6	下原料订单												
7	更新生产／完工入库												
8	新生产线投资／变卖／转产												
9	向其他企业购买／出售原材料												
10	开始下一批生产												
11	更新应收款／应收款收现												
12	出售厂房												
13	向其他企业购买／出售成品												
14	按订单交货												
15	产品研发投资												

操作顺序	任务清单	第一季度			第二季度			第三季度			第四季度		
		P1	P2	P3	P1	P2	P3	P1	P2	P3	P1	P2	P3
16	支付行政管理费												
17	其他现金收支情况登记												
18	本季在制品上线合计												
19	本季在制品下线合计												
20	季末在制品数量												

注：生产总监使用本表记录所管理的生产过程中在制品的变化情况。当执行任务中在制品数量发生改变时，请生产总监在相应的单元格内填入上线、下线的在制品数量（以"+"表示上线，以"-"表示下线）；执行步骤按照任务清单的顺序号进行。

（10）引导年原材料台账（见表 4-20）。

表 4-20　　　　　　　　　　　　引导年原材料台账

操作顺序	任务清单	第一季度				第二季度				第三季度				第四季度			
		R1	R2	R3	R4	R1	R2	R3	R4	R1	R2	R3	R4	R1	R2	R3	R4
1	季初原材料盘点数量																
2	更新短期贷款 / 还本付息																
3	申请短期贷款																
4	更新应付款 / 归还应付款																
5	原材料入库 / 更新原料订单																
6	下原料订单																
7	更新生产 / 完工入库																
8	新生产线投资 / 变卖 / 转产																
9	向其他企业购买 / 出售原材料																
10	开始下一批生产																
11	更新应收款 / 应收款收现																
12	出售厂房																
13	向其他企业购买 / 出售成品																
14	按订单交货																
15	产品研发投资																
16	支付行政管理费																
17	其他现金收支情况登记																
18	本季度原材料入库合计																
19	本季度原材料出库合计																
20	季末原材料库存数量																

注：生产总监使用本表记录所管理的原材料库存的变化情况。当执行任务中原材料库存数量发生改变时，请生产总监在相应的单元格内填入入库、出库的原材料的数量（以"+"表示入库，以"-"表示出库）；执行步骤按照任务清单的顺序号进行。

4.2 感性经营——第一年

鸿星尔克：用"责任力"塑造国产品牌价值

在鸿星尔克的官网上，写着这样一句话："一个企业不应该只是关心自己企业的利益，还应该有强烈的社会责任感，回馈社会，帮助弱势群体。在鸿星尔克看来，企业是社会不可或缺的一部分，从社会中获取资源，就应该回报社会、负有一定的社会责任。"作为社会的一分子，承担起社会责任是每一个企业发展的底线。在不断创造经济价值的同时，企业还需要看到国家和社会的需要，奉献出自己的一份力量，与社会共同成长进步。

2021年7月，鸿星尔克因向河南郑州"7·20"特大暴雨灾害灾区捐赠5 000万元物资登上热搜，受到了巨大关注，网友称赞其为"国产品牌之光"，充分体现了大家对鸿星尔克社会责任感的认可和回应。社会担当在很多年前就被刻入了鸿星尔克的基因，其奉行"取之社会，回馈社会"的理念，更是把社会责任纳入了企业文化内核。

以鸿星尔克为代表的民族企业不断用真诚回报社会，用发展书写担当。新征程下，它们将继续与国家同频共振，为社会发展贡献更多力量。

思考：鸿星尔克成功的关键是什么？企业在发展的过程中可以学习鸿星尔克什么成功经验？

经过前期的战略规划阶段，新管理层对企业经营有了基本认知，接下来新管理层将进行第一年的模拟经营，感知企业经营本质，了解企业战略及其层次，为企业选取合适的发展和竞争战略。

4.2.1 企业经营的本质

企业是利用一定的经济资源，通过向社会提供产品和服务而获取利润的组织。

企业经营是企业以市场为对象，以商品生产和商品交换为手段，为了实现企业的目标，使企业的投资、生产、销售等与企业的外部环境保持动态平衡的一系列有组织的活动。

企业经营的目的是使股东权益最大化，股东权益来源只有一个，即净利润。从利润表的利润构成可以看出实现盈利的主要途径一是扩大销售（开源），二是控制成本（节流）。

（1）扩大销售：利润主要来自销售收入，而销售收入由销售数量和产品单价两个因素决定。

① 提高销售数量有以下方式：扩张现有市场，开拓新市场；研发新产品；扩建或改造生产设施，提高产能；合理加大广告投放力度，进行品牌宣传。

② 提高产品单价受很多因素制约，但企业可能选择单价较高的产品进行生产。

（2）控制成本：产品成本分为直接成本和间接成本。控制成本主要有以下两种方法：降低直接成本（直接成本主要包括原料费和人工费）、降低间接成本（投资性支出包括建设厂房、投资新生产线等；费用性支出包括广告费、贷款利息等）。

企业破产是指企业因经营管理不善造成严重亏损，不能清偿到期债务，依法宣告破产的情况。在企业经营沙盘模拟中，出现下列情况企业将宣告破产：资不抵债（收入不足以弥补支出，导致所有者权益为负）、现金断流（企业的负债到期，但无力偿还）。

4.2.2　第一年企业具体经营

1. 第一年企业经营的任务清单

（1）第一季度任务清单（见表 4-21）。

表 4-21　　　　　　　　　　　第一季度任务清单

岗位	任务	具体操作	备注
财务总监	PDCA 管理工具的填写		
	预算控制	营销：	
		生产：	
		人力资源：	
	融资	直接贷款/短期贷款/长期贷款：	
	费用管理		
营销总监	渠道开拓		
	产品资质申请		
	ISO 资质申请		
人力资源总监	招聘	手工工人：　　　高级技工：	给期望工资
生产总监	研发管理		
	建线	传统线/自动线/智能线	
	订购原料	R1：　　R2：　　R3：　　R4：	

（2）第二季度任务清单（见表 4-22）。

表 4-22　　　　　　　　　　　第二季度任务清单

岗位	任务	具体操作	备注
财务总监	预算控制	营销：	
		生产：	
		人力资源：	
	融资	直接贷款/短期贷款/长期贷款：	
	费用管理		
	付款		
营销总监	渠道开拓		
	产品资质申请		
	ISO 资质申请		
	促销广告		
	选单		
人力资源总监	招聘		
	激励		

续表

岗位	任务	具体操作	备注
生产总监	研发管理		
	建线	传统线/自动线/智能线	
	原料收货	R1: R2: R3: R4:	
	工人管理		
	产品设计		
	更新BOM		
	开产		
	原料订货	R1: R2: R3: R4:	

（3）第三季度任务清单（见表4-23）。

表4-23　　　　　　　　　　　　　　第三季度任务清单

岗位	任务	具体操作	备注
财务总监	预算控制	营销:	
		生产:	
		人力资源:	
	融资	直接贷款/短期贷款/长期贷款:	
	费用管理		
	收款		
	付款		
	贴现		
营销总监	渠道开拓		
	产品资质申请		
	ISO资质申请		
	促销广告		
	选单		
人力资源总监	招聘		
	发薪	计算得出	
	激励		
生产总监	研发管理		
	建线	传统线/自动线/智能线	
	原料收货	R1: R2: R3: R4:	
	工人管理	派工，保存产能	
	产品设计		
	更新BOM		
	开产		
	原料订货	R1: R2: R3: R4:	

（4）第四季度任务清单（见表 4-24）。

表 4-24　　　　　　　　　　　　　第四季度任务清单

岗位	任务	具体操作	备注
财务总监	预算控制	营销：	
		生产：	
		人力资源：	
	融资	直接贷款/短期贷款/长期贷款：	
	费用管理		
	收款		
	付款		
	贴现		
营销总监	交货	交订单	
人力资源总监	招聘		
	发薪	计算得出	
	激励		
生产总监	研发管理		
	建线	传统线/自动线/智能线	
	原料收货	R1:　　　　R2:　　　　R3:　　　　R4:	
	工人管理	派工，保存产能	
	产品设计		
	更新 BOM		
	开产		
	原料订货	R1:　　　　R2:　　　　R3:　　　　R4:	

2. 第一年相关表格

（1）第一年企业经营的财务预算表（见表 4-25）。

表 4-25　　　　　　　　　　　　第一年企业经营的财务预算表

费用选项	时间			
	第一季度	第二季度	第三季度	第四季度
初始现金				
所得税				
可借金额				
季初现金				
广告费用				
开拓市场渠道				
产品研发				

续表

费用选项	时间			
	第一季度	第二季度	第三季度	第四季度
ISO 认证				
数字化开发				
营销总监费用合计				
还本				
付息				
管理费				
维修费				
数字化开发				
财务总监费用合计				
新建生产线				
出售生产线				
转产				
特性升级				
设计费用				
生产费用				
计件工资				
原材料				
数字化开发				
生产总监费用合计				
培训/激励				
工人薪资				
辞退福利				
数字化开发				
人力资源总监费用合计				
应收账款				
贴息				
贴现				
信息费				
碳中和费				
违约金				
长期贷款				
短期贷款				
直接贷款				
季末现金				

（2）第一年现金预算表（见表 4-26）。

表 4–26 第一年现金预算表

项目	第一季度	第二季度	第三季度	第四季度
期初库存现金				
支付上年应缴税费		—	—	—
市场广告投入		—	—	—
贴现费用				
利息（短期贷款）				
支付到期短期贷款				
原料采购支付现金				
转产费用				
生产线投资				
工人工资				
产品研发投资				
收到现金前的所有支出				
应收账款到期				
支付管理费用				
利息（长期贷款）	—	—	—	
支付到期长期贷款	—	—	—	
设备维护费用	—	—	—	
租金	—	—	—	
购买新设备	—	—	—	
市场开拓投资	—	—	—	
ISO 认证投资	—	—	—	
其他				
库存现金余额				

要点记录

第一季度：＿＿＿＿＿＿＿＿＿＿＿＿＿＿＿＿＿＿＿＿＿＿＿＿＿＿＿＿＿＿＿＿＿＿＿＿

第二季度：＿＿＿＿＿＿＿＿＿＿＿＿＿＿＿＿＿＿＿＿＿＿＿＿＿＿＿＿＿＿＿＿＿＿＿＿

第三季度：＿＿＿＿＿＿＿＿＿＿＿＿＿＿＿＿＿＿＿＿＿＿＿＿＿＿＿＿＿＿＿＿＿＿＿＿

第四季度：＿＿＿＿＿＿＿＿＿＿＿＿＿＿＿＿＿＿＿＿＿＿＿＿＿＿＿＿＿＿＿＿＿＿＿＿

年底小结：＿＿＿＿＿＿＿＿＿＿＿＿＿＿＿＿＿＿＿＿＿＿＿＿＿＿＿＿＿＿＿＿＿＿＿＿

（3）第一年订单登记表（见表 4-27）。

表 4–27 第一年订单登记表

订单号										合计
市场										
产品										

续表

订单号										合计
数量										
账期										
销售额										
成本										
毛利										
未售										

（4）第一年产品核算统计表（见表4-28）。

表4-28　　　　　　　　　第一年产品核算统计表

项目	P1	P2	P3	合计
数量				
销售额				
成本				
毛利				

（5）第一年综合管理费用明细表（见表4-29）。

表4-29　　　　　　　　　第一年综合管理费用明细表　　　　　　　　单位：元

项目	金额	备注
管理费		
广告费		
保养费		
租金		
转产费		
市场准入开拓		□国内　　□亚洲　　□国际
ISO 资格认证		□ISO 9000　　□ISO 14000
产品研发		P2（　　）　P3（　　）
其他		
合计		

（6）第一年利润表（见表4-30）。

表4-30　　　　　　　　　第一年利润表　　　　　　　　单位：元

项目	上年数	本年数
销售收入		
直接成本		
毛利		
综合费用		
折旧前利润		

续表

项目	上年数	本年数
折旧		
支付利息前利润		
财务收入/支出		
其他收入/支出		
税前利润		
所得税		
净利润		

（7）第一年资产负债表（见表 4-31）。

表 4-31　　　　　　　　　　　第一年资产负债表　　　　　　　　　　　单位：元

资产	期初数	期末数	负债和所有者权益	期初数	期末数
流动资产：			负债：		
现金			长期负债		
应收款			短期负债		
在制品			应付账款		
成品			应交税金		
原料			一年内到期的长期负债		
流动资产合计			负债合计		
固定资产：			所有者权益：		
土地和建筑			股东资本		
机器与设备			利润留存		
在建工程			年度净利		
固定资产合计			所有者权益合计		
资产总计			负债和所有者权益总计		

（8）第一年产成品台账（见表 4-32）。

表 4-32　　　　　　　　　　　第一年产成品台账

操作顺序	任务清单	第一季度			第二季度			第三季度			第四季度		
		P1	P2	P3	P1	P2	P3	P1	P2	P3	P1	P2	P3
1	季初产成品盘点数量												
2	更新短期贷款 / 还本付息												
3	申请短期贷款												
4	更新应付款 / 归还应付款												
5	原材料入库 / 更新原料订单												
6	下原料订单												
7	更新生产 / 完工入库												
8	新生产线投资 / 变卖 / 转产												

续表

操作顺序	任务清单	第一季度			第二季度			第三季度			第四季度		
		P1	P2	P3	P1	P2	P3	P1	P2	P3	P1	P2	P3
9	向其他企业购买／出售原材料												
10	开始下一批生产												
11	更新应收款／应收款收现												
12	出售厂房												
13	向其他企业购买／出售成品												
14	按订单交货												
15	产品研发投资												
16	支付行政管理费												
17	其他现金收支情况登记												
18	本季产成品入库合计												
19	本季产成品出库合计												
20	季末产成品库存数量												

注：营销总监使用本表记录所管理的产成品库存的变化情况。当执行任务中产成品库存数量发生改变时，请营销总监在相应的单元格内填入出库、入库的产成品数量（以"+"表示入库，以"-"表示出库）；执行步骤按照任务清单的顺序号进行。

（9）第一年在制品台账（见表4-33）。

表4-33　　　　　　　　　　　　　　第一年在制品台账

操作顺序	任务清单	第一季度			第二季度			第三季度			第四季度		
		P1	P2	P3	P1	P2	P3	P1	P2	P3	P1	P2	P3
1	季初在制品盘点数量												
2	更新短期贷款／还本付息												
3	申请短期贷款												
4	更新应付款／归还应付款												
5	原材料入库／更新原料订单												
6	下原料订单												
7	更新生产／完工入库												
8	新生产线投资／变卖／转产												
9	向其他企业购买／出售原材料												
10	开始下一批生产												
11	更新应收款／应收款收现												
12	出售厂房												
13	向其他企业购买／出售成品												
14	按订单交货												

续表

操作顺序	任务清单	第一季度			第二季度			第三季度			第四季度		
		P1	P2	P3	P1	P2	P3	P1	P2	P3	P1	P2	P3
15	产品研发投资												
16	支付行政管理费												
17	其他现金收支情况登记												
18	本季在制品上线合计												
19	本季在制品下线合计												
20	季末在制品数量												

注：生产总监使用本表记录所管理的生产过程中在制品的变化情况。当执行任务中在制品数量发生改变时，请生产总监在相应的单元格内填入上线、下线的在制品数量（以"+"表示上线，以"-"表示下线）；执行步骤按照任务清单的顺序号进行。

（10）第一年原材料台账（见表 4-34）。

表 4-34　　　　　　　　　　　　　第一年原材料台账

操作顺序	任务清单	第一季度				第二季度				第三季度				第四季度			
		R1	R2	R3	R4	R1	R2	R3	R4	R1	R2	R3	R4	R1	R2	R3	R4
1	季初原材料盘点数量																
2	更新短期贷款 / 还本付息																
3	申请短期贷款																
4	更新应付款 / 归还应付款																
5	原材料入库 / 更新原料订单																
6	下原料订单																
7	更新生产 / 完工入库																
8	新生产线投资 / 变卖 / 转产																
9	向其他企业购买 / 出售原材料																
10	开始下一批生产																
11	更新应收款 / 应收款收现																
12	出售厂房																
13	向其他企业购买 / 出售成品																
14	按订单交货																
15	产品研发投资																
16	支付行政管理费																
17	其他现金收支情况登记																
18	本季原材料入库合计																
19	本季原材料出库合计																
20	季末原材料库存数量																

注：生产总监使用本表记录所管理的原材料库存的变化情况。当执行任务中原材料库存数量发生改变时，请生产总监在相应的单元格内填入入库、出库的原材料的数量（以"+"表示入库，以"-"表示出库）；执行步骤按照任务清单的顺序号进行。

（11）生产计划及采购计划编制（第一年至第二年）（见表4-35）。

表4-35 生产计划及采购计划编制（第一年至第二年）

生产线		第一年				第二年			
		第一季度	第二季度	第三季度	第四季度	第一季度	第二季度	第三季度	第四季度
1	产品								
	材料								
2	产品								
	材料								
3	产品								
	材料								
4	产品								
	材料								
5	产品								
	材料								
6	产品								
	材料								
7	产品								
	材料								
8	产品								
	材料								
合计	产品								
	材料								

（12）生产计划及采购计划编制（第三年至第四年）。（见表4-36）。

表4-36 生产计划及采购计划编制（第三年至第四年）

生产线		第三年				第四年			
		第一季度	第二季度	第三季度	第四季度	第一季度	第二季度	第三季度	第四季度
1	产品								
	材料								
2	产品								
	材料								
3	产品								
	材料								
4	产品								
	材料								
5	产品								
	材料								
6	产品								
	材料								

续表

生产线		第三年				第四年			
		第一季度	第二季度	第三季度	第四季度	第一季度	第二季度	第三季度	第四季度
7	产品								
	材料								
8	产品								
	材料								
合计	产品								
	材料								

（13）采购登记表（见表 4-37）。

表 4-37　　　　　　　　公司采购登记表

第一年	第一季度				第二季度				第三季度				第四季度			
原材料	R1	R2	R3	R4	R1	R2	R3	R4	R1	R2	R3	R4	R1	R2	R3	R4
订购数量																
采购入库																
第二年	第一季度				第二季度				第三季度				第四季度			
原材料	R1	R2	R3	R4	R1	R2	R3	R4	R1	R2	R3	R4	R1	R2	R3	R4
订购数量																
采购入库																
第三年	第一季度				第二季度				第三季度				第四季度			
原材料	R1	R2	R3	R4	R1	R2	R3	R4	R1	R2	R3	R4	R1	R2	R3	R4
订购数量																
采购入库																
第四年	第一季度				第二季度				第三季度				第四季度			
原材料	R1	R2	R3	R4	R1	R2	R3	R4	R1	R2	R3	R4	R1	R2	R3	R4
订购数量																
采购入库																

4.3　理性经营——第二年

课前导入

树立正确的营销观

2022 年，刘元杰（网名"疆域阿力木"）在直播时因身后的背景太美而被质疑"你这背景太假了""自带抠图特效""硬是无法融入背景"。为了"自证清白"，刘元杰使出浑身解数：往身后丢桶和鞋子，下河玩起了打水漂儿，找来友情客串的小伙伴当起"工具人"，与骑马渡河的当地人同框……这么一来一回的互动受到网友关注。

网友纷纷打趣他，真的是因为"背景太假"吗？相反，恰恰是为乡村太真实所惊讶。回看画面里像油画一样的山川河流、碧水蓝天，只是因为将刘元杰黝黑的形象与美丽的景色放在一起，才会显得格格不入。

在时代红利和互联网技术红利共同加持下，乡村短视频的意义远不限于田园牧歌的浪漫色彩，短视频平台也逐步成为促进乡村发展的"新农具"。

刘元杰在网上走红后，常常在短视频网站上分享取蜂蜜、被蜂蜇的日常，为蜂蜜、黑枸杞等当地特产"代言带货"，拉动当地的自媒体经济，带动旅游业和农副业发展。

他表示，希望能通过直播"带货"为尉犁县甚至整个巴州培养一批优质网络主播，帮助更多农民富起来。对于今年的直播销售额，刘元杰充满信心："2023年，我的目标是一亿元！"

互联网时代，乘着5G的东风，网络"带货"、直播电商等新业态吸引了大量年轻人返乡创业、回哺家乡。那些乡村"网红"从最初的"探路人"，逐渐转变为乡村生活的"发声人"，让农村生活真正被看见，为乡村振兴注入了一股正能量。

思考：刘元杰的营销策略是什么？企业在经营过程中应如何制定营销策略？

团队合作完成第二年的模拟企业经营。

4.3.1 确定产能

营销总监在参加客户订货会之前，生产总监应正确计算企业的产能，并向营销总监提供可承诺量（Available To Promise，ATP）数据。

当年某产品可接单量＝期初库存量＋本期可生产数量

为了准确地计算产能，要了解不同类型的生产线的生产周期、年初在制品状态、各季度完成的生产，计算年生产能力。产能情况表如表4-38所示。

表4-38　　　　　　　　　　产能情况表

生产线类型	年初在制品状态			各季度完成的生产 1 2 3 4				年生产能力
手工生产线4种状态	○	○	○	□	□	□	■	1
	●	○	○	□	□	■	□	1
	○	●	○	□	■	□	□	1
	○	○	●	■	□	□	■	2
半自动线3种状态	○	○		□	□	■	□	1
	●	○		□	■	□	■	2
	○	●		■	□	□	□	2
柔性/全自动生产线2种状态	○			□	■	■	■	3
	●			■	■	■	■	4

注：黑色图符表示在制品的位置或产品完工下线。

4.3.2 市场营销

1. 市场营销的概念

市场营销是从卖方的立场出发，以买主为对象，在不断变化的市场环境中，以顾客需求为中心，通过交易程序，提供和引导商品或服务到达顾客手中，满足顾客需求与利益，从而获取利润的企业综合活动。

2．市场营销的基本职能

（1）与市场紧密联系，收集有关营销的各种信息、资料，开展市场营销研究，分析营销环境等。

（2）根据企业的经营目标和企业内外部环境分析，确定企业市场营销的目标和方针。

（3）制定市场营销决策。

（4）编制执行市场营销计划。

（5）销售事务与管理。

3．市场营销分析方法——波士顿矩阵

波士顿矩阵，又称市场增长率—相对市场占有率矩阵、波士顿咨询集团法、四象限分析法、产品系列结构管理法等，如图 4-2 所示。

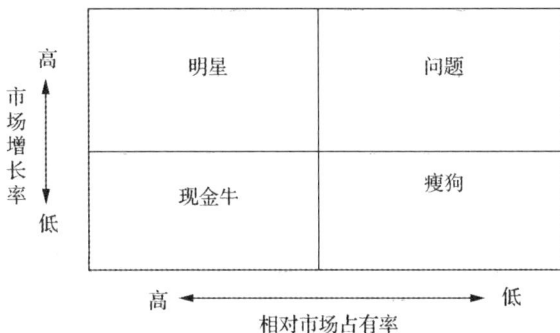

图 4-2　波士顿矩阵

波士顿矩阵对企业产品所处的 4 个象限具有不同的定义和相应的战略对策。

（1）明星产品（Stars）。处于高市场增长率、高相对市场占有率象限内的产品群，这类产品可能成为企业的现金牛产品，需要加大投资以支持其迅速发展。采用的战略是发展战略，积极扩大经营规模和增加市场准入机会，以长远利益为目标，提高相对市场占有率，稳固竞争地位。

（2）现金牛产品（Cash Cow）。现金牛产品又称厚利产品。它是指处于低市场增长率、高相对市场占有率象限内的产品群，已进入成熟期。其财务特点是销售量大、产品利润率高、负债比率低，可以为企业提供资金，是明星产品投资的后盾。这类产品越多，企业的实力越强。采用的战略是保持战略。

（3）问题产品（Question Marks）。它是处于高市场增长率、低相对市场占有率象限内的产品群。其市场机会大、前景好，但在市场营销上存在问题。其财务特点是利润率较低，所需资金不足，负债比率高。采用的战略是发展战略。

（4）瘦狗产品（Dogs）。瘦狗产品也称衰退类产品。它是处在低市场增长率、低相对市场占有率象限内的产品群。其财务特点是利润率低，处于保本或亏损状态，负债比率高，无法为企业带来收益。对这类产品应采用撤退战略或放弃战略。首先应减少批量，逐渐撤退，对那些市场增长率和相对市场占有率均极低的产品应立即淘汰；其次将剩余资源向其他产品转移。

4.3.3　第二年企业具体经营

1. 第二年企业经营的任务清单

（1）第一季度任务清单（见表4-39）。

表4-39　　　　　　　　　　　　　第一季度任务清单

岗位	任务	具体操作	备注
财务总监	PDCA 管理工具的填写		投完广告，抢到单后填写
	预算控制	营销：	
		生产：	
		人力资源：	
	融资	直接贷款/短期贷款/长期贷款：	
	费用管理		
	收款		
	付款		
	贴现		
营销总监	渠道开拓		
	产品资质申请		
	ISO 资质申请		
	促销广告		
人力资源总监	招聘		给期望工资
	发薪	计算得出	
	激励		
生产总监	研发管理		
	建线	传统线/自动线/智能线	
	原料收货	R1：　　R2：　　R3：　　R4：	
	工人管理	派工，保存产能	
	产品设计		
	更新 BOM		
	开产		
	原料订货	R1：　　R2：　　R3：　　R4：	

（2）第二季度任务清单（见表4-40）。

表4-40　　　　　　　　　　　　　第二季度任务清单

岗位	任务	具体操作	备注
财务总监	预算控制	营销：	
		生产：	
		人力资源：	
	融资	直接贷款/短期贷款/长期贷款：	

续表

岗位	任务	具体操作	备注
财务总监	费用管理		
	收款		
	付款		
	贴现		
营销总监	渠道开拓		
	产品资质申请		
	ISO 资质申请		
	促销广告		
	选单		
人力资源总监	招聘		
	发薪	计算得出	
	激励		
生产总监	研发管理		
	建线	传统线/自动线/智能线	
	原料收货	R1:　　　R2:　　　R3:　　　R4:	
	工人管理	派工，保存产能	
	产品设计		
	更新 BOM		
	开产		
	原料订货	R1:　　　R2:　　　R3:　　　R4:	

（3）第三季度任务清单（见表 4-41）。

表 4-41　　　　　　　　　　　　　第三季度任务清单

岗位	任务	具体操作	备注
财务总监	预算控制	营销:	
		生产:	
		人力资源:	
	融资	直接贷款/短期贷款/长期贷款:	
	费用管理		
	收款		
	付款		
	贴现		
营销总监	渠道开拓		
	产品资质申请		
	ISO 资质申请		
人力资源总监	招聘		
	发薪	计算得出	
	激励		

续表

岗位	任务	具体操作	备注
生产总监	研发管理		
	建线	传统线/自动线/智能线	
	原料收货	R1: R2: R3: R4:	
	工人管理	派工，保存产能	
	产品设计		
	更新 BOM		
	开产	更新 BOM，开产	
	原料订货	R1: R2: R3: R4:	

（4）第四季度任务清单（见表 4-42）。

表 4-42　　　　　　　　　　　　　第四季度任务清单

岗位	任务	具体操作	备注
财务总监	预算控制	营销：	
		生产：	
		人力资源：	
	融资	直接贷款/短期贷款/长期贷款：	
	费用管理		
	收款		
	付款		
	贴现		
营销总监	交货	交订单	
人力资源总监	发薪	计算得出	
	激励		
生产总监	研发管理		
	建线	传统线/自动线/智能线	
	原料收货	R1: R2: R3: R4:	
	工人管理	派工，保存产能	
	产品设计		
	更新 BOM		
	开产		
	原料订货	R1: R2: R3: R4:	

2. 第二年企业经营相关的表格

（1）第二年企业经营的财务预算表（见表 4-43）。

表 4-43　　　　　　　　　　　　第二年企业经营的财务预算表

费用选项	时间			
	第一季度	第二季度	第三季度	第四季度
初始现金				
所得税				

续表

费用选项	时间			
	第一季度	第二季度	第三季度	第四季度
可借金额				
时间				
季初现金				
广告费用				
开拓市场渠道				
产品研发				
ISO 认证				
数字化开发				
营销总监费用合计				
还本				
付息				
管理费				
维修费				
数字化开发				
财务总监费用合计				
新建生产线				
出售生产线				
转产				
特性升级				
设计费用				
生产费用				
计件工资				
原材料				
数字化开发				
生产总监费用合计				
培训/激励				
工人薪资				
辞退福利				
数字化开发				
人力资源总监费用合计				
应收账款				
贴息				
贴现				
信息费				
碳中和费				
违约金				
长期贷款				
短期贷款				
直接贷款				
季末现金				

（2）第二年现金预算表（见表4-44）。

表4-44　　　　　　　　　　　　　第二年现金预算表

项目	第一季度	第二季度	第三季度	第四季度
期初库存现金				
支付上年应交税费		—	—	—
市场广告投入		—	—	—
贴现费用				
利息（短期贷款）				
支付到期短期贷款				
原料采购支付现金				
转产费用				
生产线投资				
工人工资				
产品研发投资				
收到现金前的所有支出				
应收账款到期				
支付管理费用				
利息（长期贷款）	—	—	—	
支付到期长期贷款	—	—	—	
设备维护费用	—	—	—	
租金	—	—	—	
购买新设备	—	—	—	
市场开拓投资	—	—	—	
ISO 认证投资	—	—	—	
其他				
库存现金余额				

要点记录

第一季度：_____

第二季度：_____

第三季度：_____

第四季度：_____

年底小结：_____

_____

（3）第二年订单登记表（见表4-45）。

表4-45　　　　　　　　　　　　　第二年订单登记表

订单号											合计
市场											—
产品											—

续表

订单号									合计
数量									—
账期									—
销售额									
成本									
毛利									
未售									

（4）第二年产品核算统计表（见表 4-46）。

表 4-46　　　　　　　　　　第二年产品核算统计表

项目	P1	P2	P3	合计
数量				
销售额				
成本				
毛利				

（5）第二年综合管理费用明细表（见表 4-47）。

表 4-47　　　　　　　　　第二年综合管理费用明细表　　　　　　　　单位：元

项目	金额	备注
管理费		
广告费		
保养费		
租　金		
转产费		
市场准入开拓		□国内　　□亚洲　　□国际
ISO 资格认证		□ISO 9000　　　□1SO 14000
产品研发		P2（　　　）　P3（　　　）
其　他		
合　计		

（6）第二年利润表（见表 4-48）。

表 4-48　　　　　　　　　　　第二年利润表

项目	上年数	本年数
销售收入		
直接成本		
毛利		
综合费用		
折旧前利润		

续表

项目	上年数	本年数
折旧		
支付利息前利润		
财务收入/支出		
其他收入/支出		
税前利润		
所得税		
净利润		

（7）第二年资产负债表（见表4-49）。

表4-49 第二年资产负债表

资产	期初数	期末数	负债和所有者权益	期初数	期末数
流动资产：			负债：		
现金			长期负债		
应收款			短期负债		
在制品			应付账款		
成品			应交税金		
原料			一年内到期的长期负债		
流动资产合计			负债合计		
固定资产：			所有者权益：		
土地和建筑			股东资本		
机器与设备			利润留存		
在建工程			年度净利		
固定资产合计			所有者权益合计		
资产总计			负债和所有者权益总计		

（8）第二年产成品台账（见表4-50）。

表4-50 第二年产成品台账

操作顺序	任务清单	第一季度			第二季度			第三季度			第四季度		
		P1	P2	P3	P1	P2	P3	P1	P2	P3	P1	P2	P3
1	季初产成品盘点数量												
2	更新短期贷款 / 还本付息												
3	申请短期贷款												
4	更新应付款 / 归还应付款												
5	原材料入库 / 更新原料订单												
6	下原料订单												
7	更新生产 / 完工入库												
8	新生产线投资 / 变卖 / 转产												

续表

操作顺序	任务清单	第一季度			第二季度			第三季度			第四季度		
		P1	P2	P3	P1	P2	P3	P1	P2	P3	P1	P2	P3
9	向其他企业购买／出售原材料												
10	开始下一批生产												
11	更新应收款／应收款收现												
12	出售厂房												
13	向其他企业购买／出售成品												
14	按订单交货												
15	产品研发投资												
16	支付行政管理费												
17	其他现金收支情况登记												
18	本季产成品入库合计												
19	本季产成品出库合计												
20	季末产成品库存数量												

注：营销总监使用本表记录所管理的产成品库存的变化情况。当执行任务中产成品库存数量发生改变时，请营销总监在相应的单元格内填入入库、出库的产成品数量（以"+"表示入库，以"-"表示出库）；执行步骤按照任务清单的顺序号进行。

（9）第二年原材料台账（见表 4-51）。

表 4-51　　　　　　　　　　　第二年原材料台账

操作顺序	任务清单	第一季度				第二季度				第三季度				第四季度			
		R1	R2	R3	R4	R1	R2	R3	R4	R1	R2	R3	R4	R1	R2	R3	R4
1	季初原材料盘点数量																
2	更新短期贷款／还本付息																
3	申请短期贷款																
4	更新应付款／归还应付款																
5	原材料入库／更新原料订单																
6	下原料订单																
7	更新生产／完工入库																
8	新生产线投资／变卖／转产																
9	向其他企业购买／出售原材料																
10	开始下一批生产																
11	更新应收款／应收款收现																
12	出售厂房																
13	向其他企业购买／出售成品																
14	按订单交货																
15	产品研发投资																

续表

操作顺序	任务清单	第一季度				第二季度				第三季度				第四季度			
		R1	R2	R3	R4	R1	R2	R3	R4	R1	R2	R3	R4	R1	R2	R3	R4
16	支付行政管理费																
17	其他现金收支情况登记																
18	本季原材料入库合计																
19	本季原材料出库合计																
20	季末原材料库存数量																

注：生产总监使用本表记录所管理的原材料库存的变化情况。当执行任务中原材料库存数量发生改变时，请生产总监在相应的单元格内填入入库、出库的原材料的数量（以"+"表示入库，以"−"表示出库）；执行步骤按照任务清单的顺序号进行。

（10）第二年在制品台账（见表 4-52）。

表 4-52 第二年在制品台账

操作顺序	任务清单	第一季度			第二季度			第三季度			第四季度		
		P1	P2	P3	P1	P2	P3	P1	P2	P3	P1	P2	P3
1	季初在制品盘点数量												
2	更新短期贷款／还本付息												
3	申请短期贷款												
4	更新应付款／归还应付款												
5	原材料入库／更新原料订单												
6	下原料订单												
7	更新生产／完工入库												
8	新生产线投资／变卖／转产												
9	向其他企业购买／出售原材料												
10	开始下一批生产												
11	更新应收款／应收款收现												
12	出售厂房												
13	向其他企业购买／出售成品												
14	按订单交货												
15	产品研发投资												
16	支付行政管理费												
17	其他现金收支情况登记												
18	本季在制品上线合计												
19	本季在制品下线合计												
20	季末在制品数量												

注：生产总监使用本表记录所管理的生产过程中在制品的变化情况。当执行任务中在制品数量发生改变时，请生产总监在相应的单元格内填入上线、下线的在制品数量（以"+"表示上线，以"−"表示下线）；执行步骤按照任务清单的顺序号进行。

4.4 数智经营——第三年

课前导入

经营观

房地产企业——恒大集团长期以来以高杠杆、高负债的经营模式而出名。为了快速扩张业务版图，恒大集团不断通过购买土地、将融资杠杆化等方式，让企业实现快速发展。然而，这种高风险、高杠杆的经营模式也伴随着巨大的债务压力。财报显示，截至 2023 年上半年，恒大集团负债近 2.4 万亿元。更令人担忧的是，这巨额债务中一大部分属于应付款和合约债务，显示了恒大集团在购地、建设等方面的高额欠款。

相比之下，贵州省债务为 1.2 万亿元，其面对债务挑战以及解决债务问题的方式则呈现出不同的精神和态度。贵州是一个资源相对匮乏的省份，经济发展相对滞后，但贵州人并未因此而气馁。相反，他们以拼搏和奋进的精神，积极探索经济发展的新路径。贵州省政府借助基础设施建设，如修建大量桥梁和公路，将城乡之间的交通打通，促进了经济的腾飞。同时，贵州人积极推动产业升级和转型，促进经济多元化发展，使得贵州的经济更具活力和可持续性。贵州人以拼搏的精神，将债务化作经济发展的动力，这是经济腾飞的基础。

贵州是中国发展的一面旗帜，值得每一个中国人为之骄傲。贵州人的拼搏精神和担当态度是值得学习的。面对债务问题，我们需要正视和解决，而贵州人用自己的拼搏，展现了一种积极、乐观和勇敢的态度。

思考： 面对债务问题，贵州省是怎样应对的？企业在发展过程中如何进行资金管理？

团队合作完成第三年模拟经营，了解企业发展过程中资金的重要性，掌握财务预算的方法，掌握分析企业偿债能力等指标的计算方法。

4.4.1 财务管理的基本知识

1. 财务管理及资本含义

财务管理是以资本收益最大化为目标，对企业资本进行优化配置和有效利用的一种资本运作活动。财务管理的内容包括长期投资决策、长期筹资决策、流动资产管理、财务分析、财务预算等。

资本是指能够在经营活动中不断增值的价值，表现为企业为进行经营活动所垫支的货币。资本指两方面的资本，一是作为债权人所有的债务资本，二是所有者所有的权益资本。

2. 预算和预算管理

预算是经营决策和长期决策的一种数量表现，即通过有关数据将企业全部经营活动的各项目标具体地、系统地反映出来。预算的作用主要有明确目标、协调平衡、日常控制、业绩评价。常用的预算编制方法有弹性预算、零基预算、概率预算、流动预算。

预算的内容主要包括经营预算、财务预算和专门决策预算。

（1）经营预算是基础，主要包括与企业日常业务直接相关的销售预算、生产预算、直接材料及采购预算、直接人工预算、制造费用预算、产品成本预算、期末存货预算、销售预算等。其中，销售预算又是经营预算的编制起点。

（2）财务预算是主要反映企业预算期现金收支、经营成果和财务状况的各项预算，包括现金预算、预计利润表和预计资产负债表。财务预算是为经营预算和专门决策预算而编制的，是整个预算体系的主体。

（3）专门决策预算主要包括根据长期投资决策结论编制的与购置、更新、改造、扩建固定资产决策有关的资本支出预算，与资源开发、产品改造和新产品试制有关的生产经营决策预算等。

4.4.2 经典财务分析方法

1. 五力分析

五力包括收益力、成长力、安定力、活动力、生产力5个方面。

（1）收益力。表明企业是否具有获利的能力，主要从毛利率、销售利润率、总资产收益率、净资产收益率4个指标入手进行定量分析。

$$毛利率=（销售收入-直接成本）/销售收入$$

$$销售利润率=（折旧前利润或销售收入毛利-综合费用）/销售收入$$

$$总资产收益率=净利润/总资产$$

$$净资产收益率=净利润所有者/权益$$

（2）成长力。表示企业是否具有成长的潜力，即持续获利能力，主要从销售收入增长率、利润增长率和净资产增长率3个指标进行分析。

$$销售收入增长率=（本期销售收入-上期销售收入）/上期销售收入$$

$$利润增长率=（本期息前利润-上期息前利润）/上期息前利润$$

$$净资产增长率=（本期净资产-上期净资产）/上期净资产$$

（3）安定力。这是衡量企业财务状况是否稳定、会不会有财务危机的指标，主要从流动比率、速动比率、固定长期适合率、资产负债率4个指标进行分析。

$$流动比率=流动资产/流动负债$$

$$速动比率=速动资产/流动负债=（流动资产-在制品-产成品-原材料）/流动负债$$

$$固定长期适合率=固定资产/（长期负债+所有者权益）$$

$$资产负债率=总负债/总资产$$

（4）活动力。根据企业资产的管理能力对企业的经营业绩进行的评价，主要从应收账款周转率、存货周转率、固定资产周转率和总资产周转率4个指标进行分析。

$$应收账款周转率=当期销售净额/[（期初应收账款+期末应收账款）/2]$$

$$存货周转率=当期销售成本/[（期初存货余额+期末存货余额）/2]$$

$$固定资产周转率=当期销售净额/[（期初固定资产余额+期末固定资产余额）/2]$$

$$总资产周转率=当期销售净额/[（期初资产总额+期末资产总额）/2]$$

（5）生产力。衡量人力资源的产出能力的指标，主要从人均利润和人均销售收入两个指标分析。

$$人均利润=当期利润总额/[（期初职工人数+期末职工人数）/2]$$

$$人均销售收入=当期销售净额/[（期初职工人数+期末职工人数）/2]$$

2. 杜邦分析法

杜邦分析法是利用几种主要的财务比率之间的关系来综合地分析企业的财务状况的一种方

法。具体来说，它是用来评价企业获利能力和股东权益回报水平，从财务角度评价企业绩效的一种经典方法。其基本思想是将企业净资产收益率逐级分解为多项财务比率的乘积，这样有助于深入分析、比较企业经营业绩。由于这种分析方法最早由杜邦公司使用，故名杜邦分析法。

杜邦分析法中的几种主要的财务指标关系如下。

$$净资产收益率＝资产净利率（净利润/总资产）×权益乘数（总资产/总权益资本）$$
$$资产净利率（净利润/总资产）＝销售净利率（净利润/总收入）×总资产周转率（总收入/总资产）$$
$$净资产收益率＝销售净利率×总资产周转率×权益乘数$$

在杜邦体系中，有以下几种主要的指标关系。

（1）净资产收益率是整个分析系统的起点和核心。该指标的高低反映了投资者净资产获利能力的强弱。净资产收益率是由销售净利率、总资产周转率和权益乘数决定的。

（2）权益乘数表明了企业的负债程度。该指标越大，企业的负债程度越高，它是资产权益率的倒数。

（3）总资产收益率是销售净利率和总资产周转率的乘积，是企业销售成果和资产运营的综合反映，要提高总资产收益率，必须增加销售收入，降低资金占用额。

（4）总资产周转率反映企业资产获得销售收入的综合能力。分析时，必须综合销售收入分析企业资产结构是否合理，即流动资产和长期资产的结构比率关系。同时，还要分析流动资产周转率、存货周转率、应收账款周转率等有关资产使用效率指标，找出总资产周转率高低变化的确切原因。

3. 全成本核算分析

企业经营的本质是获取利润，实现股东权益最大化，获取利润的途径是扩大销售或降低成本。在企业经营沙盘模拟中，从销售收入中扣除直接成本、综合费用、折旧、利息后可得到税前利润。费用主要由广告费用、市场开拓与 ISO 认证费用、设备维修与厂房租金费用、直接成本、研发费用、财务费用、行政管理费用等组成。

（1）广告费用分析。广告效益不好的原因主要有市场定位不清晰（没有进入毛利高、需求大的市场，订单不足，造成销售额过低）、产品定位不准（低端产品过多）、对竞争对手分析不足（缺乏应对对手的策略造成"优势订单"流失或者成为盲目的"标王"）、缺乏费用预算控制（广告预算应控制在总计划销售额的 10%左右）。

广告费用效益的优劣评价原则是用最小的广告投入拿回价格恰当、满足可销售量的销售订单。

（2）市场开拓与 ISO 认证费用分析。市场开拓与 ISO 认证费用效益不好的原因与广告费用分析情况相同。

（3）设备维修与厂房租金费用分析。设备维修与厂房租金费用效益不好的原因主要有缺乏生产线投资回报意识、误解资产与费用的关系。提高效益的方法是淘汰产能低的生产线，特别是手工生产线；充分利用融资手段，购买厂房，降低租金。

（4）直接成本分析。直接成本效益不好的原因主要有生产加工费用考虑不周，手工生产线生产高端产品时加工费用很高，生产高端产品不应使用手工生产线或半自动生产线；原材料采购批次计算不准，应考虑经济批量采购；忽视订单价格，在选择订单时未考虑订单的价格。

（5）研发费用分析。研发费用效益不好的原因是产品定位不准、资源使用过于分散。应当在不同时期选择不同的主打产品。

（6）财务费用分析。财务费用效益不好的原因主要有融资策略失当，没有财务杠杆意识，过多使用长期贷款；缺乏现金控制意识，未理解"现金为王"的理念，在现金缺乏时过多使用贴现。

（7）行政管理费用分析。因是固定费用，故造成此项费用效益不好的原因只有一个，即销售额过低。

（8）全成本核算分析。将各项费用分摊累加，就形成了全成本核算数据。

4.4.3　第三年企业具体经营

1. 第三年企业经营的任务清单
（1）第一季度任务清单（见表4-53）。

表 4-53　　　　　　　　　　　　　　　第一季度任务清单

岗位	任务	具体操作	备注
财务总监	预算控制	营销：	
		生产：	
		人力资源：	
	融资	直接贷款/短期贷款/长期贷款：	
	费用管理		
	智能收款		
	智能付款		
	贴现		
营销总监	数字化平台建设		
	数据可视化配置		
	渠道开拓		
	产品资质申请		
	ISO 资质申请		
	促销广告		
	选单		
人力资源总监	智能招聘		给期望工资
	发薪	计算得出	
	激励		
生产总监	研发管理		
	建线	传统线/自动线/智能线	
	智能原料收货	R1:　　R2:　　R3:　　R4:	
	工人管理	派工，保存产能	
	产品设计		
	更新 BOM		
	智能开产		
	智能原料订货	R1:　　R2:　　R3:　　R4:	

（2）第二季度任务清单（见表 4-54）。

表 4-54　　　　　　　　　　　　　第二季度任务清单

岗位	任务	具体操作	备注
财务总监	预算控制	营销：	
		生产：	
		人力资源：	
	融资	直接贷款/短期贷款/长期贷款：	
	费用管理		
	智能收款		
	智能付款		
	贴现		
营销总监	渠道开拓		
	产品资质申请		
	ISO 资质申请		
	促销广告		
	选单		
人力资源总监	智能招聘		
	发薪	计算得出	
	激励		
生产总监	研发管理		
	建线	传统线/自动线/智能线	
	智能原料收货	R1:　　　R2:　　　R3:　　　R4:	
	工人管理	派工，保存产能	
	产品设计		
	更新 BOM		
	智能开产		
	智能原料订货	R1:　　　R2:　　　R3:　　　R4:	

（3）第三季度任务清单（见表 4-55）。

表 4-55　　　　　　　　　　　　　第三季度任务清单

岗位	任务	具体操作	备注
财务总监	预算控制	营销：	
		生产设计：	
		人力资源：	
	融资	直接贷款/短期贷款/长期贷款：	
	费用管理		
	智能收款		
	智能付款		
	贴现		

岗位	任务	具体操作	备注
营销总监	渠道开拓		
	产品资质申请		
	ISO资质申请		
人力资源总监	智能招聘		
	发薪	计算得出	
	激励		
生产总监	研发管理		
	建线	传统线/自动线/智能线	
	智能原料收货	R1: R2: R3: R4:	
	工人管理	派工，保存产能	
	产品设计		
	更新BOM		
	智能开产		
	智能原料订货	R1: R2: R3: R4:	

（4）第四季度任务清单（见表4-56）。

表4-56   第四季度任务

岗位	任务	具体操作	备注
财务总监	预算控制	营销:	
		生产:	
		人力资源:	
	融资	贷款利息:	
	费用管理		
	智能收款		
	智能付款		
	贴现		
营销总监	交货	交订单	
人力资源总监	智能招聘		
	发薪	计算得出	
	激励		
生产总监	研发管理		
	建线	传统线/自动线/智能线	
	智能原料收货	R1: R2: R3: R4:	
	工人管理	派工，保存产能	
	产品设计		
	更新BOM		
	智能开产		
	智能原料订货	R1: R2: R3: R4:	

2. 第三年企业经营相关表格

（1）第三年企业经营的财务预算表（见表 4-57）。

表 4-57　　　　　　　　　　　第三年企业经营的财务预算表

选项	时间			
	第一季度	第二季度	第三季度	第四季度
初始现金				
所得税				
可借金额				
时间				
季初现金				
广告费用				
开拓市场渠道				
产品研发				
ISO 认证				
数字化开发				
营销总监费用合计				
还本				
付息				
管理费				
维修费				
数字化开发				
财务总监费用合计				
新建生产线				
出售生产线				
转产				
特性升级				
设计费用				
生产费用				
计件工资				
原材料				
数字化开发				
生产总监费用合计				
培训/激励				
工人薪资				
辞退福利				
数字化开发				
人力资源总监费用合计				
应收账款				
贴息				

续表

选项	时间			
	第一季度	第二季度	第三季度	第四季度
贴现				
信息费				
碳中和费				
违约金				
长期贷款				
短期贷款				
直接贷款				
季末现金				

（2）第三年现金预算表（见表4-58）。

表4-58　　　　　　　　　　　　第三年现金预算表

项目	第一季度	第二季度	第三季度	第四季度
期初库存现金				
支付上年应交税费		—	—	—
市场广告投入		—	—	—
贴现费用				
利息（短期贷款）				
支付到期短期贷款				
原料采购支付现金				
转产费用				
生产线投资				
工人工资				
产品研发投资				
收到现金前的所有支出				
应收账款到期				
支付管理费用				
利息（长期贷款）	—	—	—	
支付到期长期贷款	—	—	—	
设备维护费用	—	—	—	
租金	—	—	—	
购买新设备	—	—	—	
市场开拓投资	—	—	—	
ISO认证投资	—	—	—	
其他				
库存现金余额				

要点记录

第一季度：＿＿＿＿＿＿＿＿＿＿＿＿＿＿＿＿＿＿＿＿＿＿＿＿＿＿＿＿＿＿＿＿＿＿＿

第二季度：＿＿＿＿＿＿＿＿＿＿＿＿＿＿＿＿＿＿＿＿＿＿＿＿＿＿＿＿＿＿＿＿＿＿＿

第三季度：＿＿＿＿＿＿＿＿＿＿＿＿＿＿＿＿＿＿＿＿＿＿＿＿＿＿＿＿＿＿＿＿＿＿＿

第四季度：＿＿＿＿＿＿＿＿＿＿＿＿＿＿＿＿＿＿＿＿＿＿＿＿＿＿＿＿＿＿＿＿＿＿＿

年底小结：＿＿＿＿＿＿＿＿＿＿＿＿＿＿＿＿＿＿＿＿＿＿＿＿＿＿＿＿＿＿＿＿＿＿＿

（3）第三年订单登记表（见表 4-59）。

表 4-59 第三年订单登记表

订单号										合计
市场										—
产品										—
数量										—
账期										—
销售额										
成本										
毛利										
未售										

（4）第三年产品核算统计表（见表 4-60）。

表 4-60 第三年产品核算统计表

项目	P1	P2	P3	合计
数量				
销售额				
成本				
毛利				

（5）第三年综合管理费用明细表（见表 4-61）。

表 4-61 第三年综合管理费用明细表 单位：元

项目	金额	备注
管理费		
广告费		
保养费		
租　金		
转产费		
市场准入开拓		□国内　　□亚洲　　□国际
ISO 资格认证		□ISO 9000　　　□ISO 14000
产品研发		P2（　　）　P3（　　）
其　他		
合　计		

（6）第三年利润表（见表4-62）。

表4-62 第三年利润表

项目	上年数	本年数
销售收入		
直接成本		
毛利		
综合费用		
折旧前利润		
折旧		
支付利息前利润		
财务收入/支出		
其他收入/支出		
税前利润		
所得税		
净利润		

（7）第三年资产负债表（见表4-63）。

表4-63 第三年资产负债表

资产	期初数	期末数	负债和所有者权益	期初数	期末数
流动资产：			负债：		
现金			长期负债		
应收款			短期负债		
在制品			应付账款		
成品			应交税金		
原料			一年内到期的长期负债		
流动资产合计			负债合计		
固定资产：			所有者权益：		
土地和建筑			股东资本		
机器与设备			利润留存		
在建工程			年度净利		
固定资产合计			所有者权益合计		
资产总计			负债和所有者权益总计		

（8）第三年产成品台账（见表4-64）。

表4-64 第三年产成品台账

操作顺序	任务清单	第一季度			第二季度			第三季度			第四季度		
		P1	P2	P3	P1	P2	P3	P1	P2	P3	P1	P2	P3
1	季初产成品盘点数量												
2	更新短期贷款/还本付息												

续表

操作顺序	任务清单	第一季度			第二季度			第三季度			第四季度		
		P1	P2	P3	P1	P2	P3	P1	P2	P3	P1	P2	P3
3	申请短期贷款												
4	更新应付款 / 归还应付款												
5	原材料入库 / 更新原料订单												
6	下原料订单												
7	更新生产 / 完工入库												
8	新生产线投资 / 变卖 / 转产												
9	向其他企业购买 / 出售原材料												
10	开始下一批生产												
11	更新应收款 / 应收款收现												
12	出售厂房												
13	向其他企业购买 / 出售成品												
14	按订单交货												
15	产品研发投资												
16	支付行政管理费												
17	其他现金收支情况登记												
18	本季产成品入库合计												
19	本季产成品出库合计												
20	季末产成品库存数量												

注：营销总监使用本表记录所管理的产成品库存的变化情况。当执行任务中产成品库存数量发生改变时，请营销总监在相应的单元格内填入入库、出库的产成品数量（以"+"表示入库，以"-"表示出库）；执行步骤按照任务清单的顺序号进行。

（9）第三年原材料台账（见表4-65）。

表 4-65　　　　　　　　　　　　第三年原材料台账

操作顺序	任务清单	第一季度				第二季度				第三季度				第四季度			
		R1	R2	R3	R4	R1	R2	R3	R4	R1	R2	R3	R4	R1	R2	R3	R4
1	季初原材料盘点数量																
2	更新短期贷款 / 还本付息																
3	申请短期贷款																
4	更新应付款 / 归还应付款																
5	原材料入库 / 更新原料订单																
6	下原料订单																
7	更新生产 / 完工入库																
8	新生产线投资 / 变卖 / 转产																
9	向其他企业购买 / 出售原材料																
10	开始下一批生产																
11	更新应收款 / 应收款收现																
12	出售厂房																
13	向其他企业购买 / 出售成品																

续表

操作顺序	任务清单	第一季度				第二季度				第三季度				第四季度			
		R1	R2	R3	R4	R1	R2	R3	R4	R1	R2	R3	R4	R1	R2	R3	R4
14	按订单交货																
15	产品研发投资																
16	支付行政管理费																
17	其他现金收支情况登记																
18	本季原材料入库合计																
19	本季原材料出库合计																
20	季末原材料库存数量																

注：生产总监使用本表记录所管理的原材料库存的变化情况。当执行任务中原材料库存数量发生改变时，请生产总监在相应的单元格内填入入库、出库的原材料的数量（以"+"表示入库，以"-"表示出库）；执行步骤按照任务清单的顺序号进行。

（10）第三年在制品台账（见表4-66）。

表4-66 第三年在制品台账

操作顺序	任务清单	第一季度			第二季度			第三季度			第四季度		
		P1	P2	P3	P1	P2	P3	P1	P2	P3	P1	P2	P3
1	季初在制品盘点数量												
2	更新短期贷款／还本付息												
3	申请短期贷款												
4	更新应付款／归还应付款												
5	原材料入库／更新原料订单												
6	下原料订单												
7	更新生产／完工入库												
8	新生产线投资／变卖／转产												
9	向其他企业购买／出售原材料												
10	开始下一批生产												
11	更新应收款／应收款收现												
12	出售厂房												
13	向其他企业购买／出售成品												
14	按订单交货												
15	产品研发投资												
16	支付行政管理费												
17	其他现金收支情况登记												
18	本季在制品上线合计												
19	本季在制品下线合计												
20	季末在制品数量												

注：生产总监使用本表记录所管理的生产过程中在制品的变化情况。当执行任务中在制品数量发生改变时，请生产总监在相应的单元格内填入上线、下线的在制品数量（以"+"表示上线，以"-"表示下线）；执行步骤按照任务清单的顺序号进行。

4.5　数智经营——第四年

科学管理　国产品牌

华为（2023 年 9 月 14 日）在官方微博发文，宣布将在 9 月 25 日下午 2:30 举办秋季全场景新品发布会，并提到"众多新品即将登场"。华为先后发出两条微博，其中一条附上 30 秒概念宣传影片，表示"最大的阻力，给我们最大的动力"。

从高端技术被限制，到突破限制，逆转中国在世界通信领域的地位，华为拼搏了将近 30 年。30 年的时间，华为产品从低端到高端，华为研发从模仿组装到科技创新，华为通信服务从中国扩展到世界，华为电信设备的市场占有额从零到世界第一。

任正非这样激励华为人："你们要像种子一样，到最需要的地方去，生根、发芽、开花、结果，再成片开成花海。"

如今的华为，早已不是能被强敌轻易打倒的对手；如今的中国，也因这样的企业更加强大。华为的成长历程，正是中国人自强不息、勇攀高峰的象征，更是中国力量、中国精神的生动写照。"心系中国，中华有为"，华为用 30 年的时间，为我们诠释了顺时代而动，为国家创造价值，为时代作出贡献的拼搏、奋进的民族精神。

思考：历经 30 年的发展，华为的产品实现了怎样的突破？企业应如何制定产品战略和如何进行新产品的开发？

团队合作完成第四年模拟经营，掌握生产线投资决策的方法。

4.5.1　生产管理

1. 生产管理的含义

生产管理是指对一个生产系统设计、运作、评价和改进的管理，它是对从有形产品和无形产品的研究开发到加工制造、销售、服务、回收、废弃的全寿命过程所做的系统管理。

2. 制造企业基本的生产经营活动

制造企业基本的生产经营活动包括制定经营方针和目标、技术活动、供应活动、加工制造活动、销售活动、财务活动。

3. 产品及产品战略

产品是能够提供给市场进行交换，供人们使用或消费，并能够满足人们某种欲望或需要的任何东西。整体产品包含 3 个层次：核心产品、形式产品和延伸产品。

产品战略是指企业生产何种产品或生产哪些不同的产品去满足目标市场顾客的需求，并为实现企业总体经营战略所确定的目标而做出的长远性规划与战略。

4. 新产品开发

新产品类型包括全新产品、革新产品、改进新产品、市场重定位产品等。新产品开发过程包括构思形成、构思筛选、概念的形成和测试、市场营销战略的制定、商业分析、产品开发、市场试销、正式上市等步骤。

5. 生产能力

生产能力是指企业在一定时期内，在合理的、正常的技术组织条件下，所能生产的一定种类产品的最大数量。提升企业生产能力的策略有激进型策略和保守型策略。

4.5.2 生产线投资决策

企业经营沙盘模拟实训前期看资金，后期看产能。不同类型生产线的主要区别在于生产效率和灵活性不同。生产效率是指单位时间内生产产品的数量，用产能表示；灵活性是指转产生产新产品时设备调整的难易性，主要由转产费用的高低和转产周期的长短决定。

用新生产线生产不同产品的分析，可以以投资回收期为依据。

$$投资回收期=安装时间+投入/（毛利-维修费-利息）$$

4.5.3 生产计划和原料订购计划的决策

获取订单后，就可编制生产计划和原料订购计划，两者可以同时编制。

以生产 P2 为例，其物料清单（BOM）为 R2+R3，其中，R2 的订货提前期为一个季度，R3 为两个季度。假设传统线（生产周期为三个季度）第三季度开始下一批生产，则第二季度订一个 R2，第一季度订一个 R3；第六个季度（即第二年的第二季度）开始新一批的生产，需要在第五个季度订一个 R2，第四个季度订一个 R3。依此类推，可以根据生产线类型（自动线、智能线假设生产周期分别为两个季度和一个季度）及生产产品类型计算出订购时间、订购数量。生产计划与原料订购计划如表 4-67 所示。

表 4-67　　　　　　　　生产计划与原料订购计划

状态		时间					
		1	2	3	4	5	6
传统线	产品下线并开始新生产			■			■
	原料订购	R3	R2		R3	R2	
自动线	产品下线并开始新生产		■		■		■
	原料订购	R2	R3	R2	R3	R2	
智能线	产品下线并开始新生产	■	■	■	■	■	■
	原料订购	R2+R3	R2+R3	R2+R3	R2+R3	R2	
合计		2R2+2R3	2R2+2R3	2R2+2R3	R2+3R3	3R2	

注：年初生产线有在制品在设备管理的产线处于"在产"状态；"■"表示开产时间。

4.5.4 如何管理资金——现金为王

以下是 ERP 企业经营中经常遇到的问题。

1. 库存资金越多越好吗

库存资金并不是越多越好。资金如果够用，甚至越少越好。资金的来源途径有三个：一是销售利润，二是股东投资，三是银行贷款。但银行贷款、股东投资均需支付相应利息（股息）。

2. 现金不少却破产了

企业破产的原因主要有两种情况：一是权益为负，二是资金断流。现金尚多却破产，必然是权益为负。从短期来看权益和资金的关系，资金越多，需付出的资金成本越多，本年权益就会降低；但从长期来看，权益高了，能够多从银行贷款。在实际经营中要把握贷款额度，以免因权益为负而破产。

3. 什么时候适合举债

"在权益较高时多借点，以免权益降低时借不到"的观点是有一定局限性的。企业不能盲目借款，造成资金浪费，甚至会有较高的财务费用，造成资金紧张，不能还本付息。

由此可知，资金管理对企业经营的重要性。资金是企业日常经营的"血液"，断流一天都不可。如果将可能涉及资金流入、流出的业务汇总后，会发现其基本上涵盖了所有的业务。如果将下一年度可能的发生额填入表中，就可形成资金预算表。综合运用资金预算和销售计划、生产计划、采购计划，既保证各计划正常执行，不产生浪费（如库存积压、生产线停产、盲目超前投资等），同时也保证不会发生资金断流的情况，造成企业破产出局。

4.5.5　第四年企业具体经营

1. 第四年企业经营的任务清单

（1）第一季度任务清单（见表4-68）。

表 4-68　　第一季度任务清单

岗位	任务	具体操作	备注
财务总监	预算控制	营销：	
		生产：	
		人力资源：	
	融资	直接贷款/短期贷款/长期贷款：	
	费用管理		
	智能收款		
	智能付款		
	贴现		
营销总监	数字化平台建设		
	数据可视化配置		
	渠道开拓		
	产品资质申请		
	ISO 资质申请		
	促销广告		
	选单		
人力资源总监	智能招聘		给期望工资
	发薪	计算得出	
	激励		

续表

岗位	任务	具体操作	备注
生产总监	研发管理		
	建线	传统线/自动线/智能线	
	智能原料收货	R1： R2： R3： R4：	
	工人管理	派工，保存产能	
	产品设计		
	更新 BOM		
	智能开产	更新 BOM，开产	
	智能原料订货	R1： R2： R3： R4：	

（2）第二季度任务清单（见表 4-69）。

表 4-69　　　　　　　　　　　　　　第二季度任务清单

岗位	任务	具体操作	备注
财务总监	预算控制	营销：	
		生产：	
		人力资源：	
	融资	直接贷款/短期贷款/长期贷款：	
	费用管理		
	智能收款		
	智能付款		
	贴现		
营销总监	渠道开拓		
	产品资质申请		
	ISO 资质申请		
	促销广告		
	选单		
人力资源总监	智能招聘		
	发薪	计算得出	
	激励		
生产总监	研发管理		
	建线	传统线/自动线/智能线	
	智能原料收货	R1： R2： R3： R4：	
	工人管理	派工，保存产能	
	产品设计		
	更新 BOM		
	智能开产		
	智能原料订货	R1： R2： R3： R4：	

（3）第三季度任务清单（见表 4-70）。

表 4-70　　　　　　　　　　　　　第三季度任务清单

岗位	任务	具体操作	备注
财务总监	预算控制	营销：	
		生产：	
		人力资源：	
	融资	长期贷款：	
	费用管理		
	智能收款		
	智能付款		
	贴现		
营销总监	渠道开拓		
	产品资质申请		
	ISO 资质申请		
人力资源总监	智能招聘		
	发薪	计算得出	
	激励		
生产总监	研发管理		
	建线	传统线/自动线/智能线	
	智能原料收货	R1：　　R2：　　R3：　　R4：	
	工人管理	派工，保存产能	
	产品设计		
	更新 BOM		
	智能开产		
	智能原料订货	R1：　　R2：　　R3：　　R4：	

（4）第四季度任务清单（见表 4-71）。

表 4-71　　　　　　　　　　　　　第四季度任务清单

岗位	任务	具体操作	备注
财务总监	预算控制	营销：	
		生产：	
		人力资源：	
	融资		
	费用管理		
	智能收款		
	智能付款		
	贴现		
营销总监	交货	交订单	

岗位	任务	具体操作	备注
人力资源总监	智能招聘		
	发薪	计算得出	
	激励		
生产总监	智能原料收货		
	工人管理	派工，保存产能	
	智能开产		

2. 第四年企业经营相关表格

（1）第四年企业经营的财务预算表（见表4-72）。

表4-72　　　　　　　　　　第四年企业经营的财务预算表

选项	时间			
	第一季度	第二季度	第三季度	第四季度
初始现金				
所得税				
可借金额				
季初现金				
广告费用				
开拓市场渠道				
产品研发				
ISO认证				
数字化开发				
营销总监费用合计				
还本				
付息				
管理费				
维修费				
数字化开发				
财务总监费用合计				
新建生产线				
出售生产线				
转产				
特性升级				
设计费用				
生产费用				
计件工资				
原材料				
数字化开发				
生产总监费用合计				

续表

选项	时间			
	第一季度	第二季度	第三季度	第四季度
培训/激励				
工人薪资				
辞退福利				
数字化开发				
人力资源总监费用合计				
应收账款				
贴息				
贴现				
信息费				
碳中和费				
违约金				
长期贷款				
短期贷款				
直接贷款				
季末现金				

（2）第四年现金预算表（见表 4-73）。

表 4-73　　　　　　　　　　　第四年现金预算表

项目	第一季度	第二季度	第三季度	第四季度
期初库存现金				
支付上年应交税费		—	—	—
市场广告投入		—	—	—
贴现费用				
利息（短期贷款）				
支付到期短期贷款				
原料采购支付现金				
转产费用				
生产线投资				
工人工资				
产品研发投资				
收到现金前的所有支出				
应收账款到期				
支付管理费用				
利息（长期贷款）	—	—	—	
支付到期长期贷款	—	—	—	
设备维护费用	—	—	—	
租金	—	—	—	

续表

项目	第一季度	第二季度	第三季度	第四季度
购买新设备	—	—	—	
市场开拓投资	—	—	—	
ISO 认证投资	—	—	—	
其他				
库存现金余额				

要点记录

第一季度：_____

第二季度：_____

第三季度：_____

第四季度：_____

年底小结：_____

_____

（3）第四年订单登记表（见表 4-74）。

表 4-74　　　　　　　　　　第四年订单登记表

订单号									合计
市场									—
产品									—
数量									—
账期									—
销售额									
成本									
毛利									
未售									

（4）第四年产品核算统计表（见表 4-75）。

表 4-75　　　　　　　　　　第四年产品核算统计表

项目	P1	P2	P3	合计
数量				
销售额				
成本				
毛利				

（5）第四年综合管理费用明细表（见表 4-76）。

表 4-76　　　　　　　　　　第四年综合管理费用明细表　　　　　　　　单位：元

项目	金额	备注
管理费		
广告费		
保养费		

项目	金额	备注
租　金		
转产费		
市场准入开拓		□国内　　□亚洲　　□国际
ISO 资格认证		□ISO 9000　　□1SO 14000
产品研发		P2（　　）P3（　　）
其　他		
合　计		

（6）第四年利润表（见表 4-77）。

表 4-77　　　　　　　　　　　　　　第四年利润表　　　　　　　　　　　　单位：元

项目	上年数	本年数
销售收入		
直接成本		
毛利		
综合费用		
折旧前利润		
折旧		
支付利息前利润		
财务收入/支出		
其他收入/支出		
税前利润		
所得税		
净利润		

（7）第四年资产负债表（见表 4-78）。

表 4-78　　　　　　　　　　　　　第四年资产负债表　　　　　　　　　　　单位：元

资产	期初数	期末数	负债和所有者权益	期初数	期末数
流动资产：			负债：		
现金			长期负债		
应收款			短期负债		
在制品			应付账款		
成品			应交税金		
原料			一年内到期的长期负债		
流动资产合计			负债合计		
固定资产：			所有者权益：		
土地和建筑			股东资本		
机器与设备			利润留存		
在建工程			年度净利		
固定资产合计			所有者权益合计		
资产总计			负债和所有者权益总计		

（8）第四年产成品台账（见表4-79）。

表4-79 第四年产成品台账

操作顺序	任务清单	第一季度			第二季度			第三季度			第四季度		
		P1	P2	P3	P1	P2	P3	P1	P2	P3	P1	P2	P3
1	季初产成品盘点数量												
2	更新短期贷款／还本付息												
3	申请短期贷款												
4	更新应付款／归还应付款												
5	原材料入库／更新原料订单												
6	下原料订单												
7	更新生产／完工入库												
8	新生产线投资／变卖／转产												
9	向其他企业购买／出售原材料												
10	开始下一批生产												
11	更新应收款／应收款收现												
12	出售厂房												
13	向其他企业购买／出售成品												
14	按订单交货												
15	产品研发投资												
16	支付行政管理费												
17	其他现金收支情况登记												
18	本季产成品入库合计												
19	本季产成品出库合计												
20	季末产成品库存数量												

注：营销总监使用本表记录所管理的产成品库存的变化情况。当执行任务中产成品库存数量发生改变时，请营销总监在相应的单元格内填入入库、出库的产成品数量（以"+"表示入库，以"-"表示出库）；执行步骤按照任务清单的顺序号进行。

（9）第四年原材料台账（见表4-80）。

表4-80 第四年原材料台账

操作顺序	任务清单	第一季度				第二季度				第三季度				第四季度			
		R1	R2	R3	R4	R1	R2	R3	R4	R1	R2	R3	R4	R1	R2	R3	R4
1	季初原材料盘点数量																
2	更新短期贷款／还本付息																
3	申请短期贷款																
4	更新应付款／归还应付款																
5	原材料入库／更新原料订单																
6	下原料订单																

续表

操作顺序	任务清单	第一季度				第二季度				第三季度				第四季度			
		R1	R2	R3	R4	R1	R2	R3	R4	R1	R2	R3	R4	R1	R2	R3	R4
7	更新生产 / 完工入库																
8	新生产线投资 / 变卖 / 转产																
9	向其他企业购买 / 出售原材料																
10	开始下一批生产																
11	更新应收款 / 应收款收现																
12	出售厂房																
13	向其他企业购买 / 出售成品																
14	按订单交货																
15	产品研发投资																
16	支付行政管理费																
17	其他现金收支情况登记																
18	本季原材料入库合计																
19	本季原材料出库合计																
20	季末原材料库存数量																

注：生产总监使用本表记录所管理的原材料库存的变化情况。当执行任务中原材料库存数量发生改变时，请生产总监在相应的单元格内填入入库、出库的原材料的数量（以"+"表示入库，以"-"表示出库）；执行步骤按照任务清单的顺序号进行。

（10）第四年在制品台账（见表 4-81）。

表 4-81　　　　　　　　　　第四年在制品台账

操作顺序	任务清单	第一季度			第二季度			第三季度			第四季度		
		P1	P2	P3	P1	P2	P3	P1	P2	P3	P1	P2	P3
1	季初在制品盘点数量												
2	更新短期贷款 / 还本付息												
3	申请短期贷款												
4	更新应付款 / 归还应付款												
5	原材料入库 / 更新原料订单												
6	下原料订单												
7	更新生产 / 完工入库												
8	新生产线投资 / 变卖 / 转产												
9	向其他企业购买 / 出售原材料												
10	开始下一批生产												
11	更新应收款 / 应收款收现												
12	出售厂房												
13	向其他企业购买 / 出售成品												
14	按订单交货												

续表

操作顺序	任务清单	第一季度			第二季度			第三季度			第四季度		
		P1	P2	P3	P1	P2	P3	P1	P2	P3	P1	P2	P3
15	产品研发投资												
16	支付行政管理费												
17	其他现金收支情况登记												
18	本季在制品上线合计												
19	本季在制品下线合计												
20	季末在制品数量												

注：生产总监使用本表记录所管理的生产过程中在制品的变化情况。当执行任务中在制品数量发生改变时，请生产总监在相应的单元格内填入上线、下线的在制品数量（以"+"表示上线，以"-"表示下线）；执行步骤按照任务清单的顺序号进行。

4.6 经营成绩——评分细则

课前导入

阿里巴巴"花名"文化

俗话说一个好汉三个帮，如今的时代，单打独斗的创业很难成功。因此商界就诞生了无数著名的团队，阿里巴巴的"十八罗汉"团队是阿里巴巴成功的关键因素之一。

受初创团队"十八罗汉"的影响，阿里巴巴形成了"花名"文化。

据说阿里巴巴在新员工入职时，要求每个人都给自己取一个"花名"，这其实是一种企业文化的体现。

那么，起"花名"有什么作用呢？从心理学和管理学来看，用"花名"来作为职场的符号，可以起到淡化等级、消除距离感的作用，就像其他一些企业的员工不称呼各自的职级，而是相互称呼老师一样。阿里巴巴的"花名"文化，其实就是一种强化内部凝聚力的文化，是一种构建和谐工作氛围的润滑剂，让大家在"花名"中，减少陌生感和仰视感，体现温暖与和谐。

思考： 阿里巴巴初创团队的"花名"文化有什么作用？企业如何进行团队建设和经营？

团队进行岗位评价，了解评分细则，掌握对团队进行有效激励以及解决团队冲突的方法。

4.6.1 企业文化与人力资源管理

1. 企业文化

企业文化是所有团队成员共享并传承给新成员的一套价值观、共同愿景、使命及思维方式。它代表了组织中被广泛接受的思维方式、道德观念和行为准则。

2. 人力资源管理

人力资源管理是指根据企业发展战略的要求，有计划地对人力资源进行合理配置，它是企业的一系列人力资源政策以及相应的管理活动。人力资源管理主要包括企业人力资源战略的制定、员工的招募与选拔、培训与开发、绩效管理、薪酬管理、员工流动管理、员工关系管理、员工安全与健康管理等，即企业运用现代管理方法，在选人、育人、留人、用人等方面进行计划、组织、指挥、控制和协调等一系列活动，并最终实现企业发展目标的一种管理行为。

4.6.2　岗位评价

目前的沙盘比赛都是对企业的整体经营业绩进行积分评价。这种评价可以展现整个小组的经营业绩，但小组成员如何评价，特别是与其他小组相应成员如何进行比较是个难题。

1. 营销总监评价

（1）成本控制因素。用"广告费用／销售额"及"所接订单直接成本／销售额"来衡量，两个指标越小，说明营销总监策划的广告效果越好。

（2）现金流配合意识。可以从应收款比率与销售收益率两方面来考虑。应收款比率是指应收款在流动资产中所占的比率。该比率越大，意味着资金风险越大，说明在选择订单时账期考虑欠妥；销售收益率指当年销售额转化为现金的比率，转化率越高，说明订单选择越优。

（3）市场份额。各组销售所占市场份额比率可以反映市场开拓、ISO 认证的意识和效果；至于产能、研发、现金流控制等因素，则可划归为"团队合作"评价因素。

（4）客户满意度。有关客户满意度的评价可以用"当年未交货订单"的金额或者数量进行。至于生产计划、采购计划等影响因素，则可划归为"团队合作"评价因素。

（5）市场定位准确性。市场定位准确性可以用各队在各个市场中所占份额的排名情况来判定。在某个市场的份额排名越靠前，则认为其定位准确性越高。

2. 财务总监评价

（1）财务成本控制。该因素主要涉及长短期贷款利息、应收款贴息等。财务成本高说明该财务总监的融资意识、现金流控制意识比较差。

（2）现金流控制。该因素主要考虑安定力因素（如速动比率），体现财务总监现金流控制意识。

（3）财务杠杆意识。主要是指能否正确运用贷款来提高股东回报率。

（4）费用控制意识。主要体现在各项费用投资的回报率上，如研发投资的回报率。当然，该指标与其他岗位因素有密切的关系，可将其划归为"团队合作"评价因素。

3. 生产总监评价

（1）产能计算意识。这是生产总监的基本意识，以能否在运营过程中进行正确的产能计算为依据来判定其管理意识是否清晰。

（2）产品库存控制。若累计库存过大，势必会造成资金不合理占用、采购计划不精准、资金周转率不高等现象。

（3）费用控制。该因素主要体现在研发投资回报、生产线建设投资回收期、厂房租金成本、生产线转产成本等方面。

（4）原料计算的准确性。这是对生产总监的基本要求，可以能否在运营过程进行正确的原料产能计算为依据来判定其管理意识是否清晰。

（5）原料库存的控制。该因素主要体现在控制原料库存，使其既能保证正常生产和转产等方面的需要，又不会积压库存。

4. 人力资源总监评价

（1）战略规划与执行能力。为企业制定人力资源战略规划，并确保与组织战略目标的一致性；建立和维护有效的人力资源管理体系，包括招聘、培训、绩效管理、薪酬福利等；确保企业人力资源政策符合法律法规，并与企业价值观一致。

（2）人才招聘与留任能力。制定有效的招聘策略，确保企业招聘到合适的人才；建立健全的员工离职分析系统，及时发现并解决员工流失问题；确保企业的薪酬福利体系能够吸引和留住高绩效员工。

（3）员工培训与发展能力。确保企业有完善的员工培训计划，并根据员工发展需求进行持续改进；评估培训效果，确保培训投入能够带来实际业绩提升；确保企业有激励机制，鼓励员工不断学习和发展。

（4）绩效管理与激励能力。建立有效的绩效管理体系，确保绩效评估公平、科学；提供有针对性的激励措施，激发员工的工作积极性和创造力；监测和评估绩效激励措施的有效性，及时调整和改进。

（5）团队管理与领导能力。建立高效团队，合理分工和协调团队成员的工作；提供有效的领导能力培训，帮助员工提升领导能力；激励团队成员，鼓励团队合作和协同工作。

4.6.3 团队经营成绩

1. 评分标准制定原则

评分标准由赛项专家组制定，全部公开。严格按照《全国职业院校技能大赛成绩管理办法》中规定的评分方法实施。

2. 评分细则

企业模拟经营过程需要持续经营 4 年，从经营风尚、管理工具应用、数字化平台建设、持续经营和经营成果五个方面进行综合评判，以全面考查学生企业经营管理核心技能和规则意识、创新意识、数字思维、系统思维等职业素养。具体评分细则如表 4-82 所示。

表 4-82　　　　　　　　　　　　　　评分细则

评分项目	分值	考查目标 计算办法	备注
经营风尚 F1	10 分	不存在违反经营风尚行为的企业得分为 10 分。如参赛团队存在故意的负面行为，经 2/3 以上裁判认定且裁判长同意确定扣分，根据情节严重程度，扣分不超过 10 分	
管理工具应用 F2	10 分	在第一、第二年年末提交报表后，系统自动计算出战略计划完成率。得分=5×第一年完成率+5×第二年完成率	计算第一、第二年
数字化平台建设 F3	10 分	第三、第四年完成财务 RPA、智能生产算法、智能人力算法、数据可视化分析 4 个管理技术。每项技术完成后保存不报错每年可得 1.25 分	计算第三、第四年
持续经营分 F4	20 分	完成每年经营得 5 分。破产企业按照实际完成经营并提交报表的年数计算得分。最终未破产企业得 20 分	
经营成果 F5	50 分	未经营和破产企业的 F5=0，当企业的现金断流时（现金出现负值）界定为企业破产，则完成正常经营的企业以第四年企业经营发展指数计算排名 St1，企业经营发展指数=第四年企业商誉值×（第四年企业权益-系统扣分）×（1+第四年碳中和率）。则未破产企业的 F5 计算如下： 分距 $d=50/N$　　　　　　　　（1） F5=50-(St1-1)×d　　　　　（2）	N 取参赛队伍数最多赛区的队伍个数

续表

评分项目	分值	考查目标 计算办法	备注
经营得分 Fz	$Fz=F1+F2+F3+F4+F5$ 　（3）		
最终成绩 Z	按照经营得分 Fz 计算每个赛区的排名 St2，以赛区最后一期企业经营发展指数最高的企业计算赛区排名 I，其中未经营和破产的企业最终成绩 $Z=Fz$，则其他企业的最终成绩 Z 得分计算如下： $Z=100-St2 \times d+d \times (Fz-FzL)/(FzH-FzL+I)$ 其中，FzH 为本赛区经营得分最高分，FzL 为本赛区经营得分最低分	

注：在上述计算排名过程中，对于得分相同的队伍，则依次按照第四年企业经营发展指数、企业权益、企业商誉值从高到低进行排名

📝 学以致用

通过一段时间学习，你掌握了不少知识，但立足企业、面向岗位，将知识付诸行动，才是教育的根本目的。

请结合岗位工作提出改进工作的思路，并提出具体的行动计划。

📋 学习评价

评价分自评、互评和教师点评。首先，进行组内成员职业素养自评；其次，由成员根据个人自评结果并结合日常表现进行互评；最后，教师点评。自评分数作为参考，互评和教师评价各占 50%，将得分填入相应得分栏目中。

1. 职业素养自评表

在职业素养自评表（见表 4-83）的对应题号相应选项的□中打√，A 表示通过，B 表示基本通过，C 表示未通过。

表 4-83　　　　　　　　　　职业素养自评表

职业素养	评估标准	自测结果		自测得分
责任心	责任心是指对自己的所作所为负责，对他人、对组织承担责任和履行义务的自觉态度。 1. 勇于承担工作中出现的问题，从不推卸责任 2. 能从企业利益出发，自觉承担责任和履行义务，并监督和指导同事完成工作	1. □A　□B □C 2. □A　□B □C		
主动性	主动性是指员工在日常工作中，能够不需他人指派，主动承担相应工作的素质。主动性行为描述如下。 1. 表现出对工作的热情，不需要任何正式的授权形式，个人完成工作 2. 承担远超过要求的工作任务，并积极努力地完成 3. 通过自身努力拓展工作内涵，获取新知识、新经验	1. □A　□B □C 2. □A　□B □C 3. □A　□B □C		
忠诚度	忠诚度是指员工对工作、团队、组织的信任及在关键事件上对企业利益的维护程度、以企业利益为重的意识。 1. 员工对工作、团队、组织高度信任，能积极向领导、同事表达自己对企业存在问题的想法和意见 2. 当出现问题时，能以企业利益为重，必要时牺牲个人利益 3. 在企业利益受损时，能主动维护企业利益	1. □A　□B □C 2. □A　□B □C 3. □A　□B □C		

职业素养	评估标准	自测结果	自测得分
坚韧性	坚韧性也可称为耐受力、抗压能力、自我控制能力和意志力等，是指人们在巨大的压力环境下，克服外部和自身的困难，坚持完成指定任务的倾向。 1. 能承受压力，在困难或威胁面前毫不动摇 2. 面对压力时能进行自我调节，付出辛勤努力，知难而进，坚持不懈完成任务目标	1. □A　□B 　□C 2. □A　□B 　□C	
纪律性	纪律性是指个人自觉遵守企业各项管理制度，保证个人行为及工作行为不与企业的管理制度和工作原则相抵触的意愿。 1. 能自觉遵守企业各项管理制度，无违纪行为 2. 能积极监督或引导同事遵守企业各项管理制度，且效果显著	1. □A　□B 　□C 2. □A　□B 　□C	
自信心	自信心是一种对自己的观点、决定和完成任务的能力、有效解决问题的能力的自我信仰。 1. 承担有挑战性、有风险的工作，因为有挑战而兴奋，不断寻找和追求新的挑战 2. 接受困难的工作，出现问题时仍保持积极心态，并坚信自己能够解决	1. □A　□B 　□C 2. □A　□B 　□C	
成就导向	成就导向又称为成就欲、进取心，是指个人希望更好地完成工作或达到某一绩效标准、强烈追求成功的持续性愿望。 1. 设定挑战的目标，并通过不断学习或请教同事来高标准地完成工作任务 2. 采取充分的行动，在完成工作或工作过程中进行总结创新，并应用于今后的工作中 3. 不满足于平均业绩，追求卓越	1. □A　□B 　□C 2. □A　□B 　□C 3. □A　□B 　□C	
敬业精神	敬业精神是指个人调整自己的行为使其符合组织要求和组织利益的愿望和能力。 1. 有专业思想，热爱本职工作，有旺盛的进取意识，利用各种资源使工作成果最大化 2. 以企业利益及整体和谐性为标准调整自己的行为	1. □A　□B 　□C 2. □A　□B 　□C	
诚信意识	诚信意识是指以诚实、善良的心态行使权利、履行义务，不受个人利益、好恶的影响，信守承诺。 员工能以诚实、善良的心态行使权利、履行义务、信守承诺	□A　□B 　□C	
成本意识	成本意识是指在保证正常工作状态和质量的前提下，通过控制成本、增加产出、优化流程等手段，节约资源，使利润最大化的意识。 1. 工作中将成本控制在预算范围内，积极寻找降低成本的方法 2. 能对成本控制及流程优化提出有效建议，且效果显著 3. 对周围的浪费情况进行制止，与同事分享节约成本及资源的方法并进行推广	1. □A　□B 　□C 2. □A　□B 　□C 3. □A　□B 　□C	
全局观	全局观是指个人在开展工作或进行决策时，能够考虑他人、其他部门或企业整体的情况，从组织的整体或长远利益出发，顾全大局，为了整体利益能够牺牲局部利益或个人利益。 1. 不计较个人得失，服从指挥，贯彻命令 2. 清楚企业各部门或人员的关联性及其他部门的职能 3. 能与其他部门或人员求同存异，积极开展合作 4. 能从全局出发，积极协助其他部门或人员完成工作	1. □A　□B 　□C 2. □A　□B 　□C 3. □A　□B 　□C 4. □A　□B 　□C	
小计			

评分说明：选 A 得 3 分，选 B 得 2 分，选 C 得 1 分，最高 81 分

学生签字：　　　　　　　　教师签字：　　　　　　　　　　年　月　日

2. 职业素养测评表

职业素养测评表如表 4-84 所示。

表 4-84　　　　　　　　　　　　　职业素养测评表

评价内容	考核点	考核得分		
		小组评价	教师评价	综合得分
职业素养（60 分）	责任心、主动性、忠诚度、坚韧性、纪律性、自信心、成就导向、敬业精神、诚信意识、成本意识、全局观			
成果（40 分）	经营成果排名			

第5章 数智企业经营管理沙盘平台系统运用

学习目标

掌握数智企业经营管理沙盘平台的操作要领；掌握用数智企业经营管理沙盘平台记录企业业务的方法。

工作任务

1. 数智企业经营管理沙盘平台认知。
2. 教师的任务。
3. 学生的任务。

5.1 数智企业经营管理沙盘平台简介

课前导入

平台认知 智能制造

三一重工身处传统行业，与时俱进地顺应数字化改造趋势，紧紧抓住智能制造的发展趋势。智能化制造车间——十八号工厂，面积约 10 万平方米，是三一重工的总装车间，被称为"最聪明的厂房"。这里的组装工作完成极快，据报道，该车间可实现平均 45 分钟组装一台泵车。由于超强的产出能力与完善的自动化程度，这里被誉为工程机械行业的"灯塔工厂"，展现了三一重工智能制造的高水平。

2019 年，易小刚接下智能制造工厂升级改造的任务。"十八号工厂"属于重型的装备制造车间，要实现智能化不是件容易的事，工程车间零件的生产、系统的智能化运行、机器人的位置精度……各种各样的问题都需要解决，他和研发团队一起解决了众多难题，2020 年 9 月，"十八号工厂"改造升级，成为工程机械行业首个建成达产的"灯塔工厂"。

易小刚表示："我最不愿意听到两句话，一句是国外是这么做的，另外一句就是国外也没有这么做。如果以那两句话为原则，那我们做不到世界第一或者中国第一。你不是一个追随者，你是一个超越者。"正是因为坚持，以易小刚为代表的科技人员完成了"十八号工厂"从传统工厂到智能化"灯塔工厂"的转型，也让中国装备制造业不断朝着智能制造方向发展。

这十年，中国工业基础不断发展，曾经很多东西需要从国外进口，如今已经可以自主生产。从追随者到超越者，从"中国制造"到"中国智造"，离不开每一位科研一线的技术人员日日夜夜的努力。正是由于这些科研工作者不断创新与挑战自我，推动着中国的工业不断发展前进。

思考：三一重工建成的"灯塔工厂"具有什么现实意义？对于数智企业经营管理沙盘平台，我们应该如何认知？

第 2 章至第 4 章介绍了基于 ERP 企业经营沙盘模拟的企业模拟经营。经过模拟实训，学生获得了企业经营管理的真实体验，增强了管理能力，综合素质得到了提升。这个阶段主要是感性认知活动，而接下来基于数智企业经营管理沙盘平台的电子沙盘模拟活动则是理性认知活动。

5.1.1　数智企业经营管理沙盘平台认知

本书关于电子沙盘介绍采用的是新道 S+Cloud 数智企业经营管理沙盘，S+Cloud 数智企业经营管理沙盘是一门展现数智企业经营管理全景的教、练、考、赛一体化的实训课程。该课程融合了实物/电子沙盘的经典经营管理模型（流程型）及企业数智化的新内涵，是以数智企业的经营管理流程及决策为核心构建的经济管理通识课程，也可用于创新创业教育。数智企业经营管理沙盘是一款基于沙盘模拟经营模型，展现生产制造企业经营管理流程的认知型沙盘。其通过模拟企业经营环境，让参与者亲身体验企业经营决策和管理过程，从而提高参与者的战略规划能力、市场洞察能力、团队协作能力和决策执行能力。其具有数智化和实时化特性，满足财经商贸大类各专业的教学需求，通过操作控制面板、使用管理工具和采集数据信息等方式对组织进行管理，如营销管理、财务管理、生产管理及人力资源管理等，让参与者感受到真实的企业内部运营环境。

该平台在继承 ERP 企业经营沙盘模拟特点的基础上，吸收了众多经营类软件优点。其特点如下：通过实时数据呈现和操作控制面板等方式，参与者可以与沙盘进行互动；模拟企业经营环境，让参与者亲身体验数智化企业管理的全过程，感受数智技术的强大应用能力；沙盘包含企业管理的"人、财、物、产、供、销"六大管理元素等多个知识点，弘扬企业家精神；沙盘可以多次使用，不仅可以帮助参与者提高企业经营管理能力，还可以为参与者提供持续的学习和提升机会。

5.1.2　数智企业经营管理沙盘平台的构成

数智企业经营管理沙盘平台以创业模式经营，初始只有现金（股东资本），一般以 80 万元为宜，也可以自由设置。

数智企业经营管理沙盘平台的构成如表 5-1 所示。

表 5-1　　　　　　　　　　　　数智企业经营管理沙盘平台的构成

序号	名称	说明
1	安装主程序	需要和加密"狗"匹配使用
2	使用说明（前台）	学生操作手册
3	使用说明（后台）	教师操作手册
4	安装说明	系统安装说明文件
5	经营流程表	学生训练用表
6	会计报表	各年会计报表
7	重要经营规则	在系统中直接查询
8	市场预测	在系统中直接查询
9	实物沙盘盘面	配合系统使用，一个队一张
10	摆盘卡片	用于摆放实物沙盘

学生端页面如图 5-1 所示。操作区显示当前有权限的操作，另外，还可以查询规则、市场预测信息等。

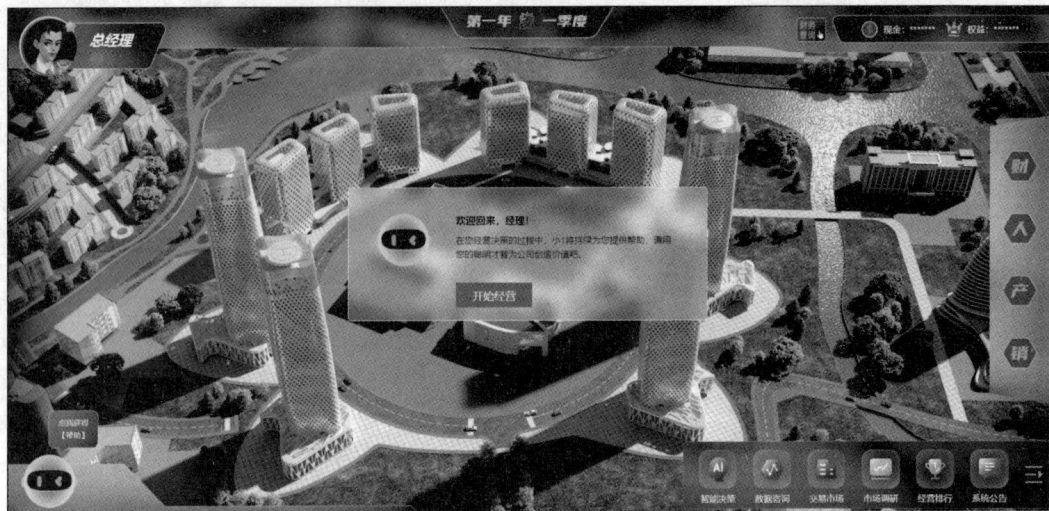

图 5-1　数智企业经营管理沙盘平台学生端页面

5.2　教师的任务

课前导入

与时俱进　智慧城市

天眼查发布的《2022 中国智慧城市建设发展洞察报告》显示，中国智慧城市已有 900 余个，在战略、技术创新、社区、民生、政务管理、人文旅游等多个方面，涌现一大批代表城市，其中北京、上海、杭州、长沙、成都等地被作为智慧城市建设典型区域分析。

具体来看，杭州正以城市大脑赋能智慧城市建设，全面助力城市数字化转型升级，稳步提升城市治理体系和治理能力的现代化水平。报告指出，当前杭州城市大脑 2.0 建设持续推进，通过全社会的数据互通、数字化的全面协同、跨部门的流程再造，实现民生直达、惠企直达、基层治理直达。

如在智慧停车方面，"无杆"支付和"便捷泊车"有效疏解了西湖周边长期的拥堵问题；在智慧治理方面，智慧灯杆助力湖滨步行街实现安全管控和高效治理；在智慧警务方面，"网事警情"联动治理智慧系统，实现多警情分析与统管。

如果说，不断释放的城市治理新需求、新场景是杭州智慧城市建设重要的外部推动力，那么，强劲的数字科创动能则是杭州智慧城市建设源源不断的内生力量。

思考：杭州智慧城市建设的动力是什么？

5.2.1　教师的任务分布

教师可以进入后台进行系统运行控制。教师具有以下权限：沙盘教学班、案例开发、账号管理等。教师操作页面如图 5-2 所示。

图 5-2　教师操作页面

5.2.2　教师的案例开发

1. 入口

操作说明：教师首次登录时，需要先进行案例开发，新建一个可用案例。单击左侧【案例开发】按钮，进入案例开发页面，如图 5-3 所示。

图 5-3　案例开发页面

2. 新建案例

操作说明：①单击【新建案例】按钮，打开新建案例页面，如图 5-4 所示。②根据页面引导，输入相关信息，标*的选项为必填项。③单击【确定】按钮创建案例成功。④创建后，单击【编辑案例】按钮可打开案例编辑页面。

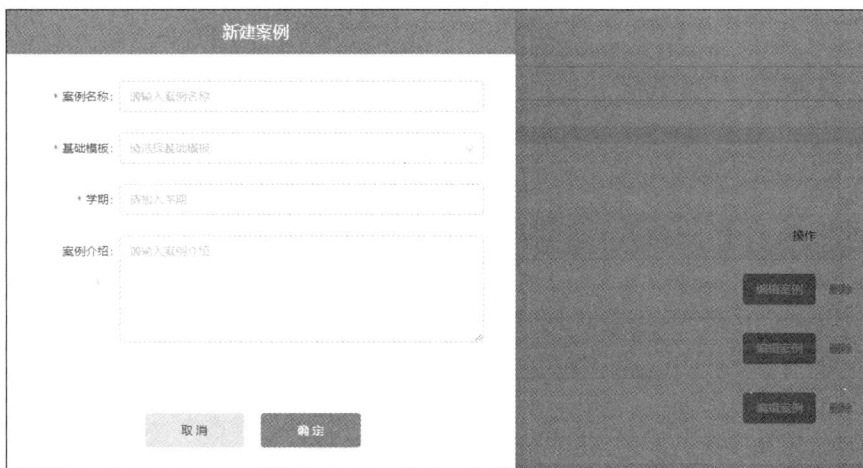

图 5-4　新建案例页面

3. 模型设置

操作说明：①在编辑案例中的模型设置页面罗列了沙盘整体的模型列表。②该页面有三个模板供教师选择，分别为数智经营、体验教学和标准赛事，不同的模板难易程度不同。③在每个模板中，教师可以选择或取消某个具体的模块。④取消勾选复选框可取消某个模块；勾选复选框，可选择某个模块。⑤在模板实训中，被取消的模块将不再出现。⑥完成设置后，单击【下一步】按钮即可。模型设置页面如图 5-5 所示。

图 5-5　模型设置页面

4. 时间轴设置

操作说明：①操作为单选。②为案例选择经营时间，最短为 2 年，最长为 6 年。③选中后，单击【下一步】按钮即可。时间轴设置页面如图 5-6 所示。

图 5-6　时间轴设置页面

5. 规则维护

操作说明：①系统默认有 N 套规则（由教师导入）。②默认规则不可直接操作，可通过复制的方式自建。③自建规则可编辑、复制和删除。规则维护页面如图 5-7 所示。

图 5-7　规则维护页面

6. 规则设置

操作说明：①规则名称可重新定义，输入后单击【确定】按钮保存。②可以通过【智能自定义规则】功能，选择关键参数，快速调整规则。③可以通过【手工自定义规则】细致调整规则，系统将大部分可调整参数罗列在规则维护页面。④单击【编辑】按钮可对参数进行调整。⑤单击【增加】按钮可新增一条数据行。⑥单击【删除】按钮可删除一条数据行。规则设置页面如图 5-8 所示。

图 5-8　规则设置页面

7. 规则导出

操作说明：①规则定义完成后，单击【使用并导出】按钮导出规则文件。②系统会自动下载一个 RLUE 格式的文件和一个展示规则的图片。③教师可将文件导入，使其变成系统规则。规则导出页面如图 5-9 所示。

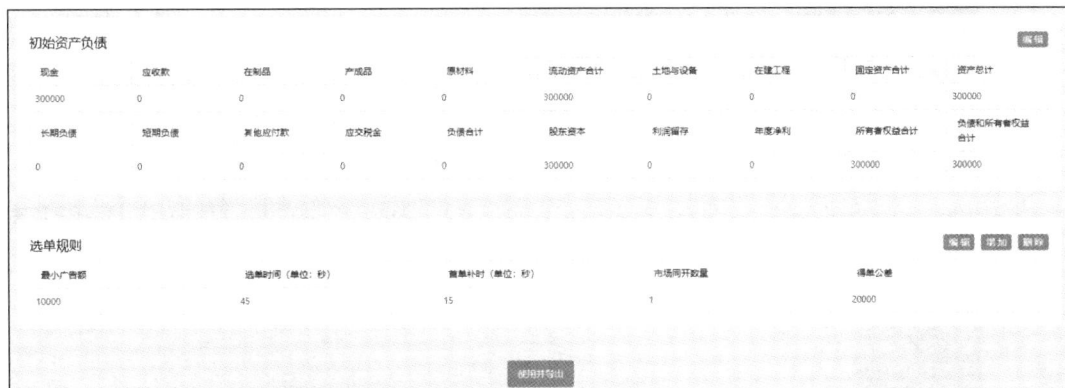

图 5-9　规则导出页面

5.2.3　教师的教学班管理

1. 新建班级

操作说明：①初次登录教师账号时，无教学班，教师需要自行创建。②单击【新建班级】按钮创建新教学班。③在打开的页面填入相应的内容。④标*的项目是必填项。⑤单击【确定】按钮即可新建教学班。⑥新建教学班后，单击【进入班级】按钮即可进入教学班中。新建班级页面如图 5-10 所示。

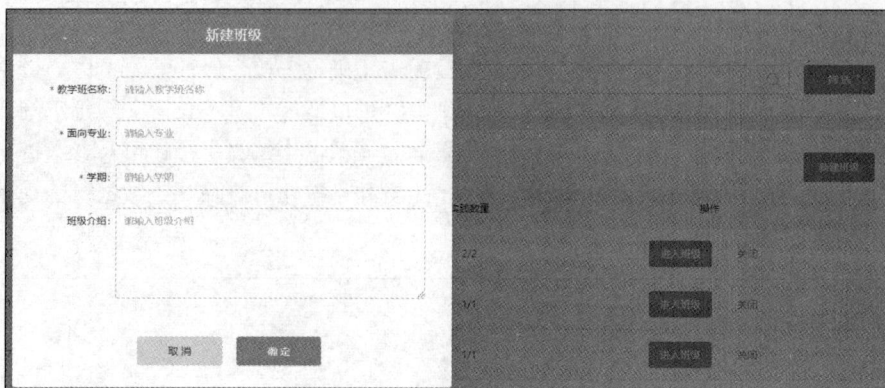

图 5-10　新建班级页面

2. 新建实践

操作说明：①进入班级后，单击【沙盘实践】按钮。②单击【新建实践】按钮，打开新建实践页面。③根据页面内容，输入相应的信息，带*的项目均为必填项。④单击【确定】按钮创建实践。⑤【选择案例】处可选择由教师创建的案例。新建实践页面如图 5-11 所示。

图 5-11　新建实践页面

3. 课程学习

操作说明：①单击左侧【课程学习】按钮查看内置的课件。②教师可直接使用自带 PPT 授课。③课件包含操作教学、理论知识讲解等。课程学习页面如图 5-12 所示。

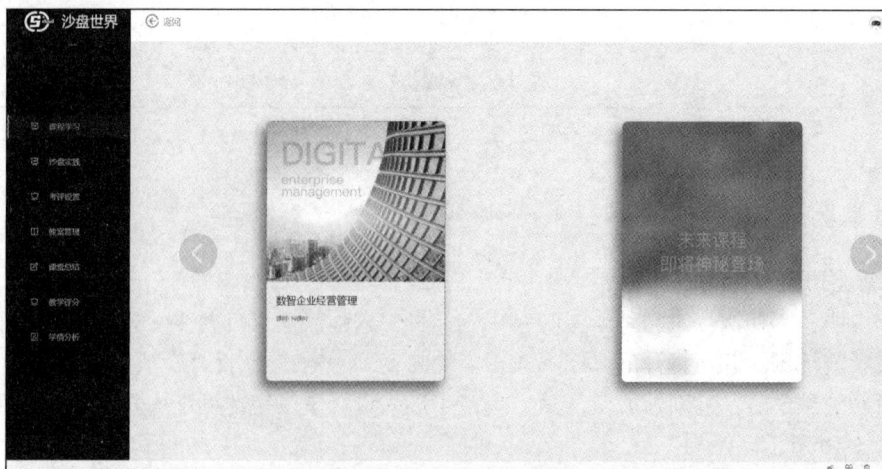

图 5-12　课程学习页面

4. 考评设置

操作说明：①单击左侧的【考评设置】按钮，打开考评设置页面。②本页面展示考核类型名称和得分方式。③教师可以设置各个考核方式的权重。④权重之和需要等于 100%。考评设置页面如图 5-13 所示。

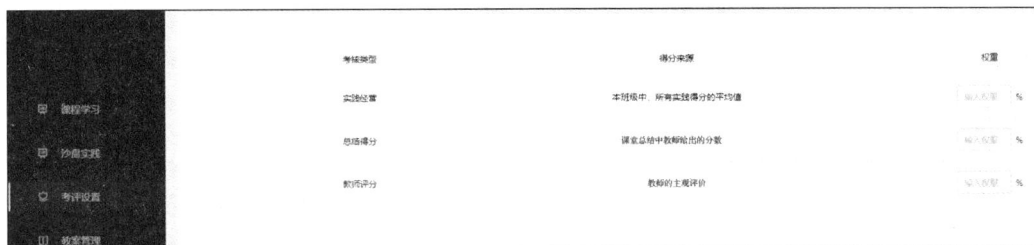

图 5-13　考评设置页面

5. 教案管理

操作说明：①单击左侧【教案管理】按钮，打开教案管理页面。②单击【上传教案】按钮，上传教案。③教案支持 PDF、PPT、Word、Excel 格式。④可以在线查看教案文档，支持无纸化的教学方式。⑤选项卡展示教案名称、创建时间。教案管理页面如图 5-14 所示。

图 5-14　教案管理页面

6. 课堂总结

操作说明：①单击左侧【课堂总结】按钮，打开课堂总结页面。②本页面展示本班级学生上传的总结文件。③单击文件名可在线查看总结文档。④在评分处输入评分，输入完成保存即可。课堂总结页面如图 5-15 所示。

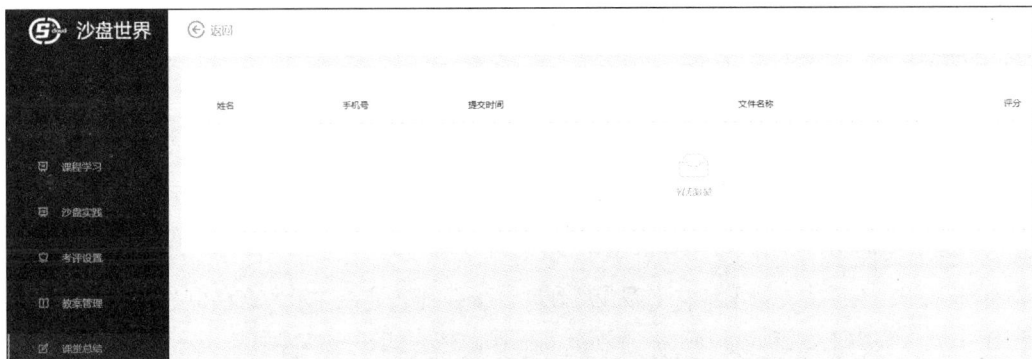

图 5-15　课堂总结页面

7. 教学评分

操作说明：①单击左侧【教学评分】按钮，打开教学评分页面。②本页面展示本班级学生信息。③在【评分】文本框里输入想要给学生打的分数，输入完成保存即可。④通过单击【重置密码】按钮，将学生密码重置成初始密码"Xindao@@2024"。教学评分页面如图5-16所示。

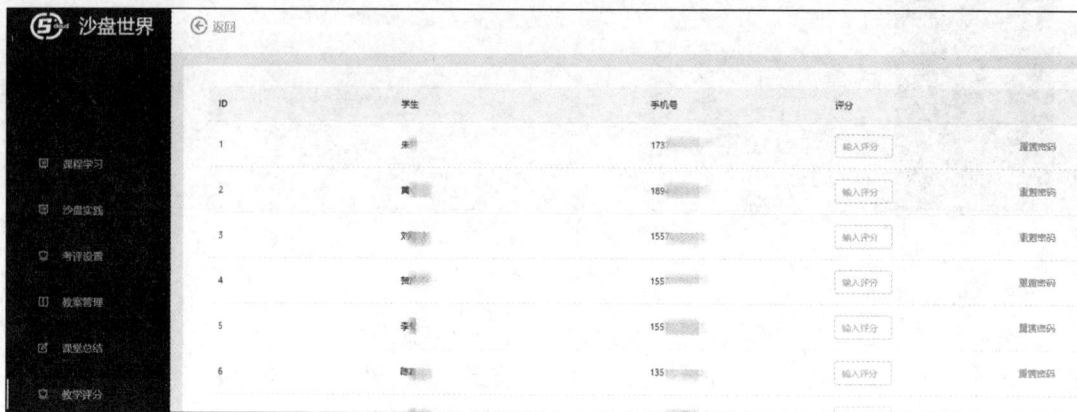

图5-16　教学评分页面

8. 学情分析

操作说明：①单击左侧【学情分析】按钮，打开学情分析页面。②本页面展示本班级所有学生的学习情况，包括实践成绩、实践次数、考评成绩、考勤记录、总结记录、岗位分布等。③可以在【切换学生】处单击下拉按钮，在打开的下拉列表中选择学生。学情分析页面如图5-17所示。

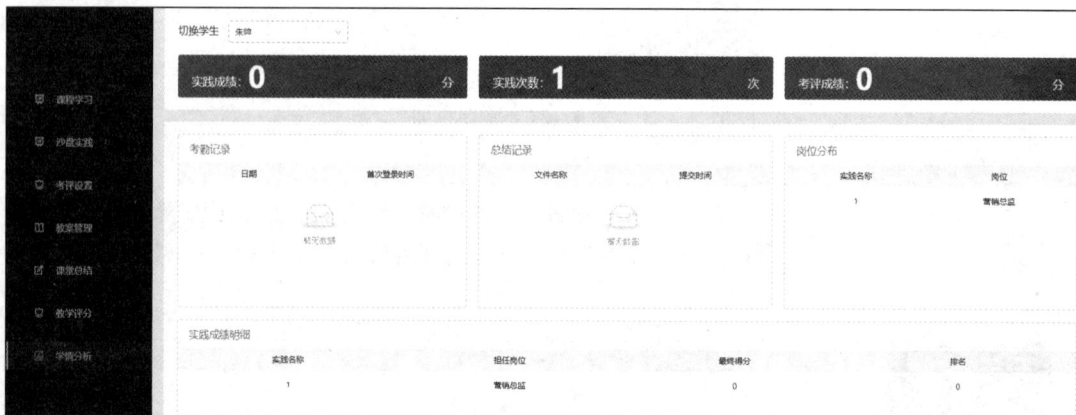

图5-17　学情分析页面

5.2.4　教师的实践管理

1. 进入实践

操作说明：①单击左侧【沙盘实践】按钮。②实践列表处，展示所有已创建好的实践内容。③单击【进入实践】按钮，打开实践管理页面。实践列表如图5-18所示。

图 5-18 实践列表

2. 导入学生

操作说明：①单击【导入学生】按钮，打开导入学生页面。②选择四人小组或五人小组规模。③单击【立即下载】按钮，下载《用户批量导入模板》。④根据模板文件说明编辑学生信息。⑤单击【单击上传】按钮上传文件。⑥单击【开始导入】按钮即可导入学生。导入学生页面如图 5-19 所示。

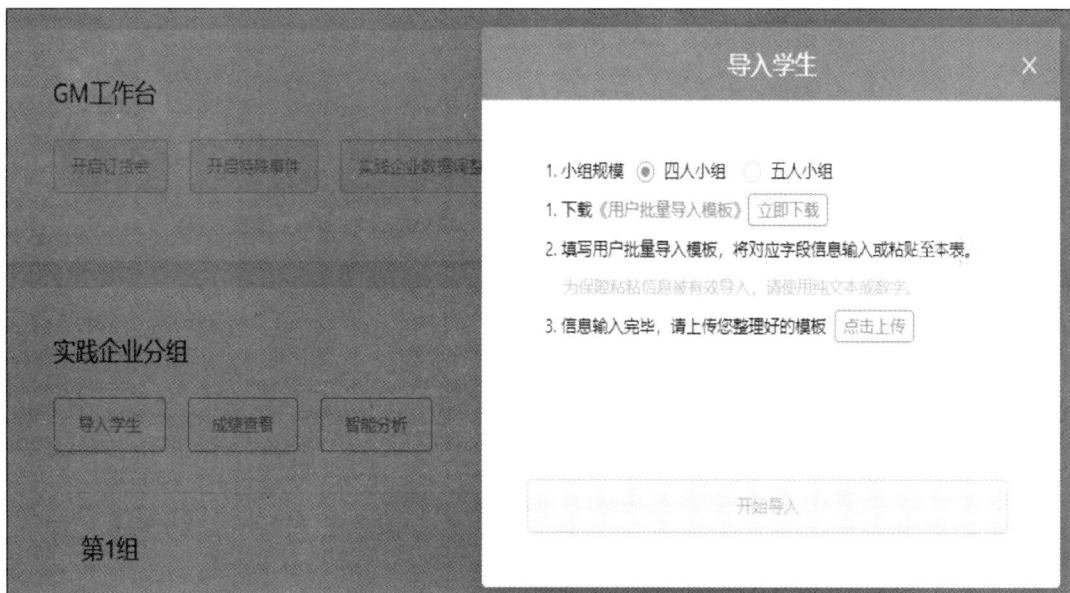

图 5-19 导入学生页面

3. 时间轴设置

操作说明：①在教师端操作页面单击【设置】按钮，可以展开时间轴设置输入框。②教师可以在每年每季度的输入框下输入季度经营时间。③该时间不会自动切换时间轴，仅作为提示时间使用。倒计时结束后，自动暂停。④单击【暂停】按钮，可暂停学生的操作，单击【下一回合】按钮，可以直接结束本季度，开始下一季度的经营。⑤单击【上一回合】按钮，可直接回到上季度初始状态。时间轴设置页面如图 5-20 所示。

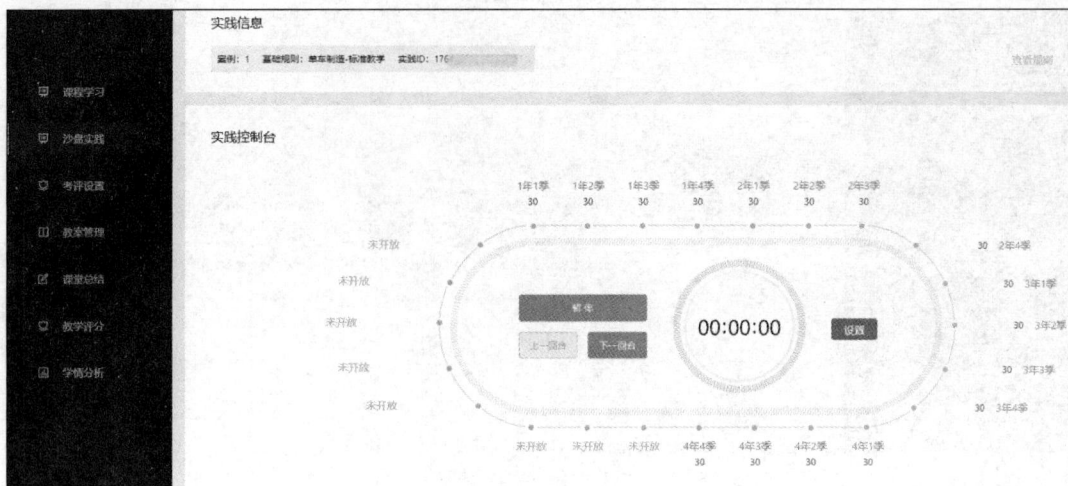

图 5-20　时间轴设置页面

4. 开始实践

操作说明：①单击右上角的【开始实践】按钮，即可开始实践。②开始实践后，开始倒计时。教师可以操作时间轴以及 GM 工作台。③单击【查看规则】按钮，可以查看规则明细。开始实践页面如图 5-21 所示。

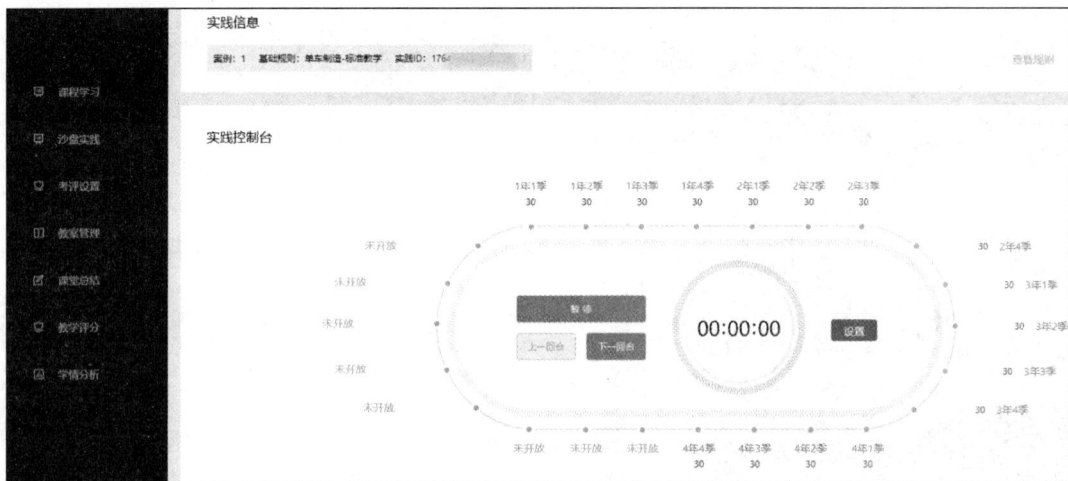

图 5-21　开始实践页面

5. GM 工作台

操作说明：①GM 工作台有 10 个功能，分别为【开启订货会】【开启特殊事件】【实践企业数据调整】【实践企业注资】【选单管理】【系统公告】【补单工具】【点破】【材料订单】【自动注资】。②开启订货会和选单管理为互斥模块，当案例编辑勾选【竞单】按钮时，可开启订货会，若案例编辑勾选【选单】按钮，则可开启选单管理。③单击【开启订货会】按钮，打开开启订货会页面。若本季度无订单，按钮无法单击。页面打开后，选择时间，单击【确定】按钮，即开启订货会。④单击【开启特殊事件】按钮，打开开启特殊事件页面，可选择一个事件开启，然后选择持续时间，所有特殊事件均在下一季度生效。⑤单击【实践企业数据调整】按钮，打开实践企业数据调整页面；选择一个企业；输入的值为新增数，可以为负值，表示减值。⑥单击【实践企业注资】按钮，打开实践企业注资页面，选择一个企业，输入一个注资额度 X，填入一个利息数据 Y（0~1），即可给该企业添加一项时间为 4 季度、贷款额为 X、利息为 Y 的贷款。此贷款不占用企业正常的贷款额度。⑦单击【选单管理】按钮，打开选单管理页面。若本季度无订单，按钮无法单击。页面打开后，单击【开启】按钮进入第一阶段，开启后允许学生投放广告。完成广告投放后单击【下一步】按钮，进入第二阶段，下发广告文件，单击【下一步】按钮，进入第三阶段，允许学生开始选单。⑧单击【系统公告】按钮，教师可发送消息和文件给学生。单击【发送】按钮，发送系统公告给学生。单击【下发公告文件】按钮，选择一个或多个文件下发至学生。单击【报表填写查询】按钮，展示未提交报表的组号。⑨单击【补单工具】按钮，教师需要填写组号、订单编号、单价和数量，为小组加补订单。⑩单击【点破】按钮，教师可以手动选择小组号，单击确定，该组即为教师手动破产处理。⑪单击【材料订单】按钮，教师可以查看各小组的材料订单的具体情况。⑫【自动注资】默认未开启，单击【自动注资】左侧按钮可开启自动注资。开启后自动给破产企业注资。GM 工作台各功能具体操作页面如图 5-22 至图 5-31 所示。

图 5-22　GM 工作台页面

图 5-23　GM 工作台–开启订货会页面

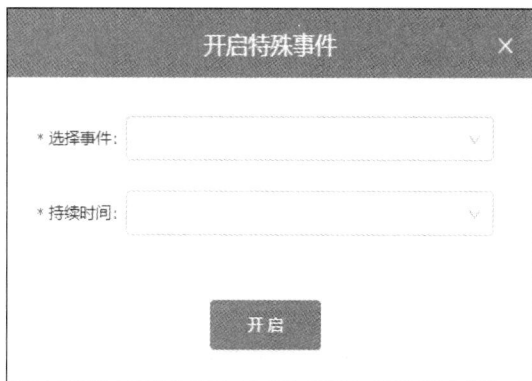

图 5-24　GM 工作台–开启特殊事件页面

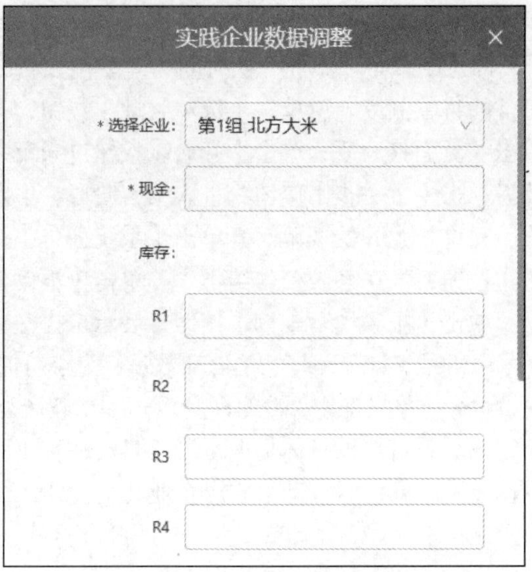

图 5-25　GM 工作台-实践企业数据调整页面

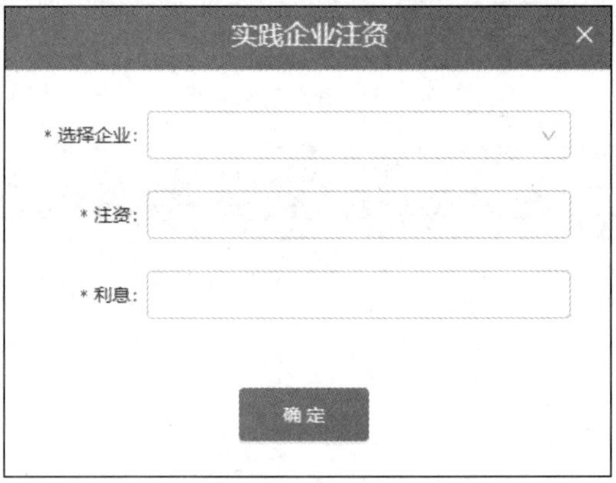

图 5-26　GM 工作台-实践企业注资页面

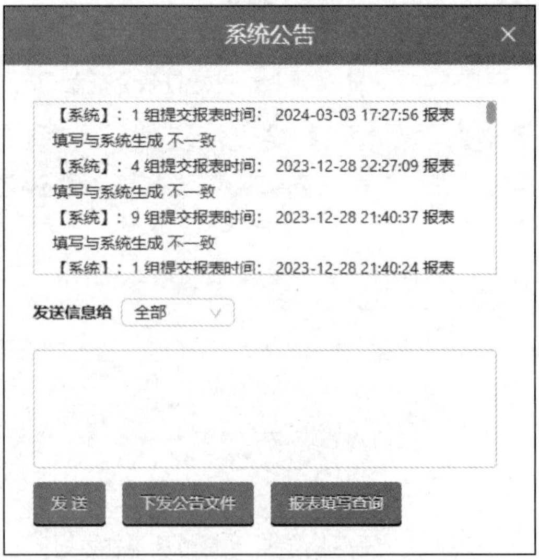

图 5-27　GM 工作台-系统公告页面

图 5-28　GM 工作台–补单工具页面

图 5-29　GM 工作台–点破页面

图 5-30　GM 工作台–材料订单页面

图 5-31　教师 GM 工作台–自动注资界面

6. 成绩查看

操作说明：①单击实践企业分组中的【成绩查看】按钮，打开成绩查看页面，如图 5-32 所示。②页面显示本实践一个季度所有参赛队的经营结果及排名情况，如图 5-33 所示。③可以通过单击【选择季度】下拉按钮切换季度。④单击【导出】按钮，导出成绩。

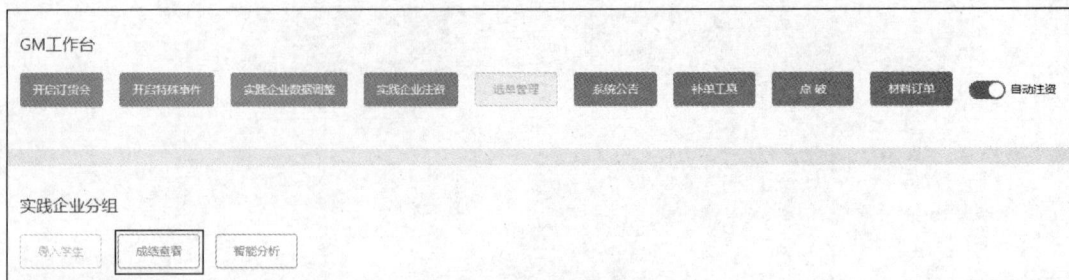

图 5-32　成绩查看界面

图 5-33　经营结果排名页面

7. 智能分析——经营分析

操作说明：①单击实践企业分组中的【智能分析】按钮，如图 5-34 所示；可查看经营分析、财务报表、订单明细、商誉扣除明细、企业信息查询、零售订单等分析数据。②单击【经营分析】按钮，可查看所有企业经营状况，允许选择某一组或多组，选中可展示该组的数据。经营分析页面如图 5-35 所示。

图 5-34　智能分析界面

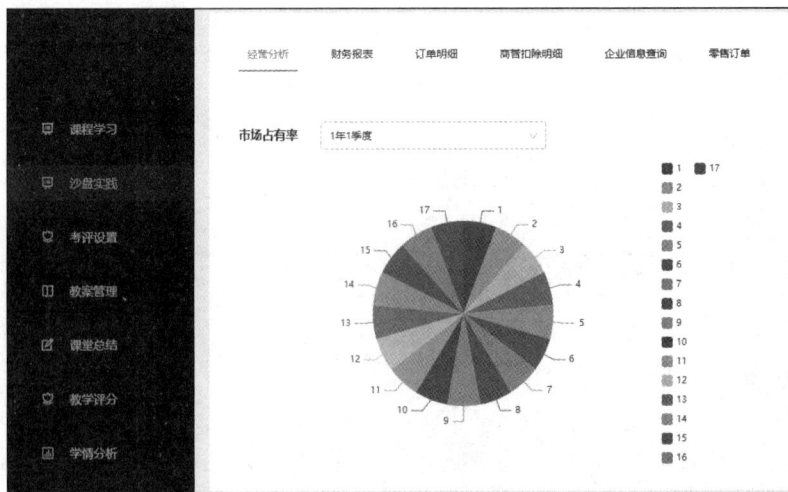

图 5-35　经营分析页面

8. 智能分析——财务报表

操作说明：①单击【财务报表】按钮，查看各组的财务报表。②选择想要查看的小组。③选择想要查看的报表，分别为现金流量表、综合费用表、利润表、资产负债表。④选择实时数据或某一年定点数据。⑤单击【查询】按钮查看数据。财务报表页面如图 5-36 所示。

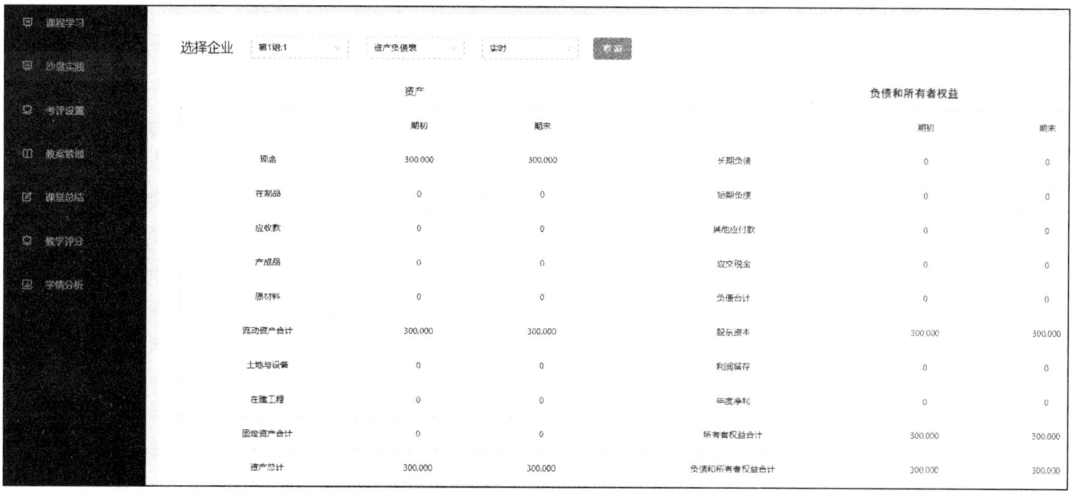

图 5-36　财务报表页面

9. 智能分析——订单明细

操作说明：①单击【订单明细】按钮，查看已分配给企业的订单。②可根据季度、市场、产品、组号分类查看。③单击【查询】按钮查看数据。订单明细页面如图 5-37 所示。

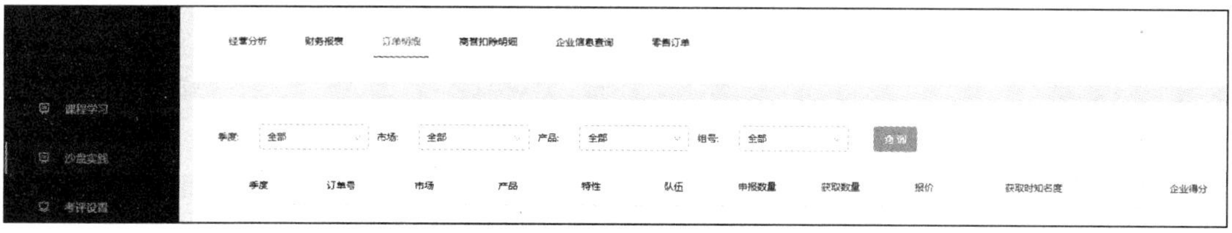

图 5-37　订单明细页面

10. 智能分析——商誉扣除明细

操作说明：①单击【商誉扣除明细】按钮，查看各组的商誉扣除明细情况。②可根据组号查看，单击【组号】下拉按钮，可以选择对应的小组进行查看。③单击【查询】按钮查看数据。商誉扣除明细页面如图 5-38 所示。

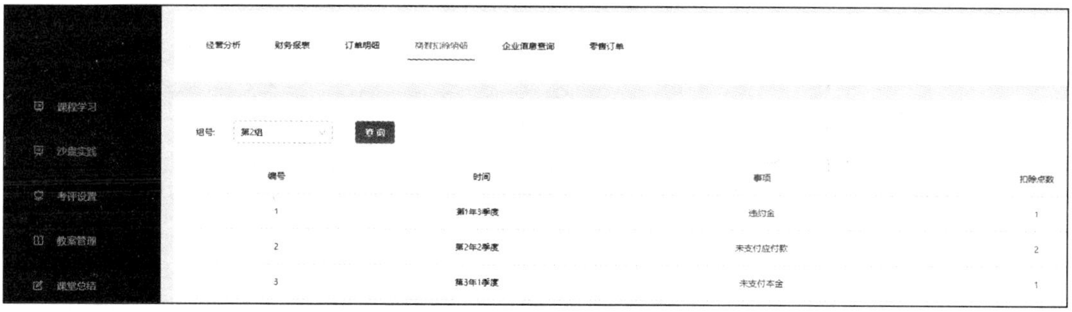

图 5-38　商誉扣除明细页面

11. 智能分析——企业信息查询

操作说明：①单击【企业信息查询】按钮，查看各组的企业信息。②可根据组号查看，单击【组号】下拉按钮，可以选择对应的小组进行查看。③单击【数据类型】下拉按钮，可查看财务信息、产品库存、原料库存、产能明细、科研明细、会员明细六种数据。④单击【查询】按钮查看数据。企业信息查询页面如图5-39所示。

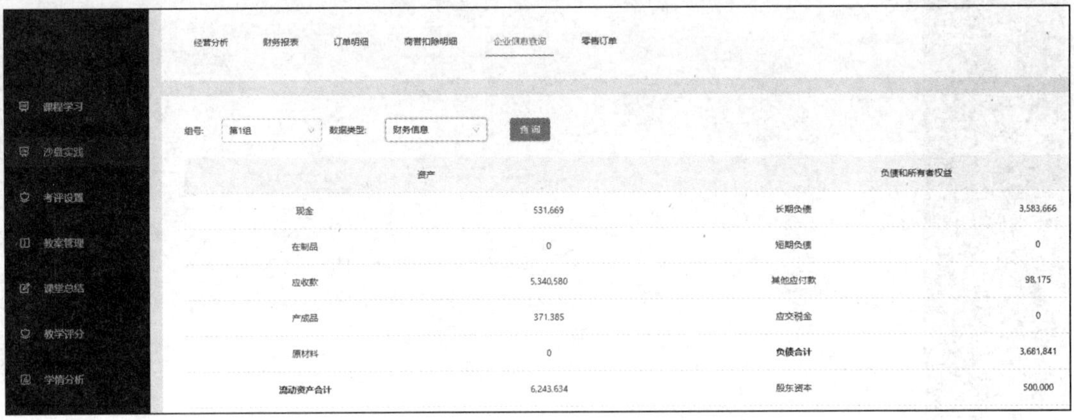

图 5-39　企业信息查询页面

12. 智能分析——零售订单

操作说明：①单击【零售订单】按钮，查看各组的零售订单情况。②可根据季度查看。③单击【确定】按钮查看数据。零售订单页面如图5-40所示。

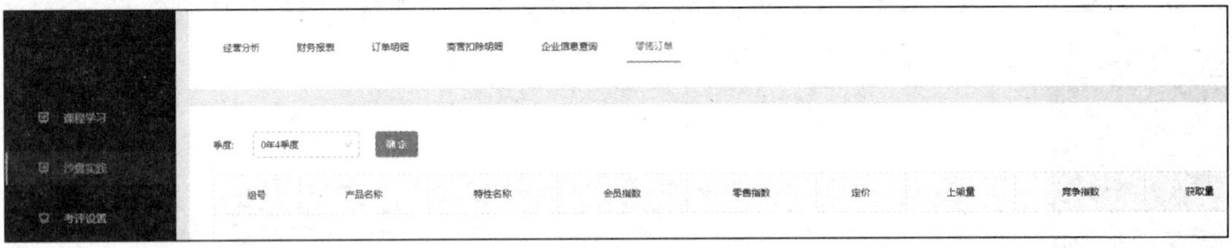

图 5-40　零售订单页面

5.3　学生的任务

课前导入

碳中和　可持续发展

2020年9月22日，在第七十五届联合国大会一般性辩论上，中国正式提出将采取更加有力的政策和措施，力争于2030年前实现碳达峰，努力争取在2060年前实现碳中和。中国积极实施应对气候变化国家战略，采取调整产业结构、优化能源结构、着力提高能效、推进碳市场建设、增加森林碳汇等一系列措施。"十三五"期间中国应对气候变化工作取得显著成效。

一是温室气体排放得到有效控制。全国单位国内生产总值（Gross Domestic Product，GDP）二氧化碳排放量持续下降，基本扭转了二氧化碳排放总量快速增长的局面，截至2019年底，碳排放强度比2015年下降18.2%，提前完成了"十三五"约束性目标。二是重点领域节能工作进展顺利。中国规模以上企业单位工业增加值能耗 2019 年比 2015 年累计下降超过 15%，相当于节能 4.8 亿吨标准煤。三是可再生能源快速发展。"十三五"以来，可再生能源装机年均增长大约 12%，新增装机年度占比超过 50%，总装机占比稳步提升，成为能源转型的重要组成和未来电力增量的主体。四是主动适应气候变化进展顺利。在 28 个城市开展了气候适应城市试点工作，开展了 3 批共 81 个城市低碳省市试点建设，完成了全国应对气候变化工作机构改革和职能调整。五是积极参与全球气候治理。坚持多边主义推动达成巴黎协定实施细则一揽子成果，和其他国家一道积极实施"一带一路"应对气候变化南南合作计划，帮助其他发展中国家增强应对气候变化能力。

思考：什么是碳中和？在数智企业经营管理沙盘实践中，如何进行碳中和？

由学生登录数智企业经营管理沙盘平台，完成模拟企业经营。

5.3.1　以学生身份登录系统

1. 登录账号并修改密码

操作说明：①打开浏览器，在地址栏输入"http://服务器地 IP"，进入系统。②登录用户为教师分配的账号，首次登录的初始密码为"1"，如图 5-41 所示。③登录后系统提示修改密码。密码必须在 12～18 位，且包含大小写字母、数字及特殊符号。修改密码页面如图 5-42 所示。

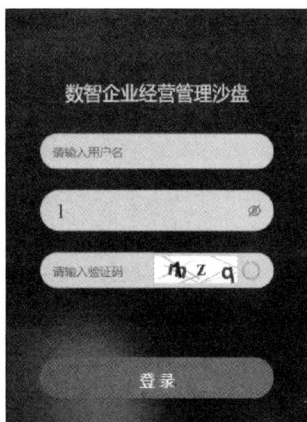

图 5-41　登录页面

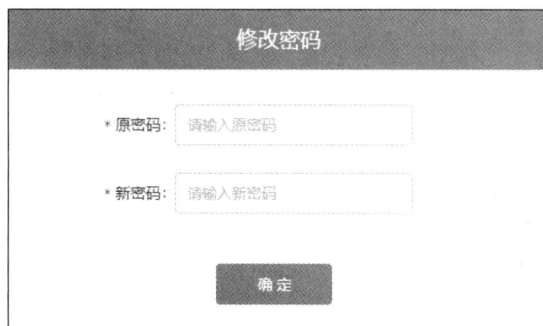

图 5-42　修改密码页面

2. 进入班级

操作说明：单击左侧【沙盘教学班】按钮查看教学班列表，找到班级，单击【进入班级】按钮，选择实训，如图 5-43 所示。

图 5-43　沙盘教学班页面

3. 进入实践列表

操作说明：单击左侧【沙盘实践】按钮，在实践列表页面选择所要进入的实践，如图 5-44 所示。

图 5-44　沙盘实践列表页面

5.3.2　特殊运行任务

1. 规则确认，开始经营

操作说明：单击【查看规则】按钮可查看规则；规则确认无误后，单击右侧【进入实践】按钮开始经营；实践控制台为时间轴，加粗圆点所在的季度为当前经营季度，如图 5-45 所示。

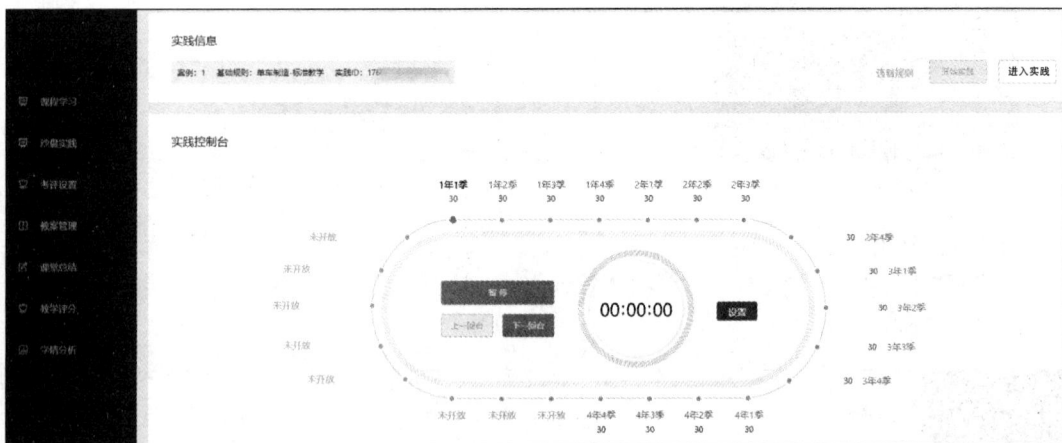

图 5-45　规则确认

2. 信息填写

操作说明：①以财务总监账号登录，输入企业信息，如图 5-46 所示。②输入完毕关闭页面，继续经营。③只有每个企业的财务总监需要编辑企业信息。

图 5-46　信息填写页面

3. 总览

操作说明：①总经理页面左下角为智能机器人，单击可查询专业名词解释。如净资产收益率、成本管理等。②单击右上角【财务查询】按钮，右侧会显示当前现金和权益，10 秒后自动隐藏。③通过单击右侧的【财】【人】【产】【销】按钮，可打开对应岗位页面。④页面右下角为扩展知识，包括智能决策、数据咨询、交易市场、市场调研、经营排行、系统公告等。总览页面如图 5-47 所示。

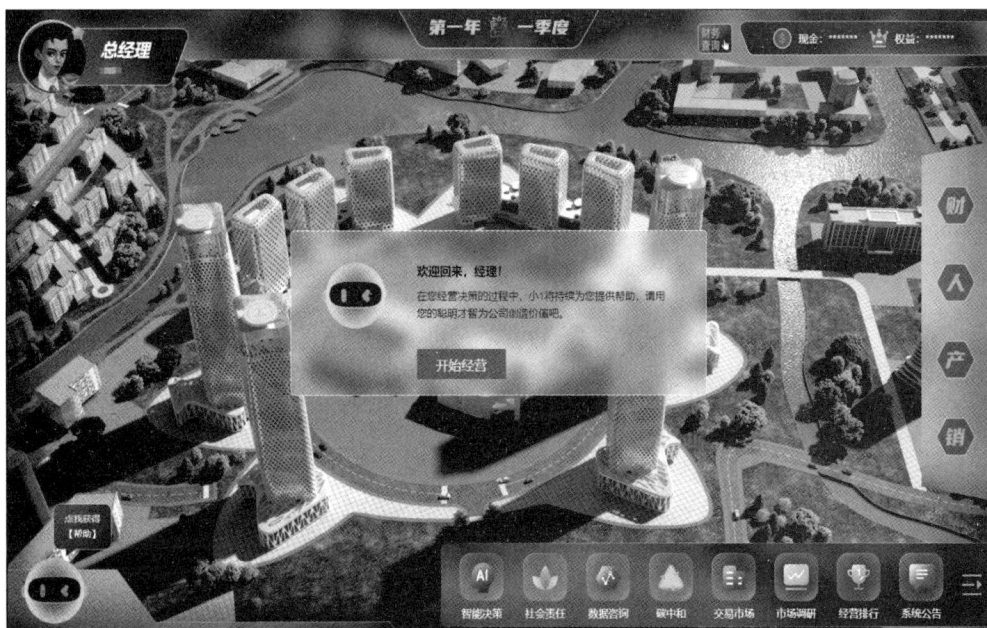

图 5-47　总览页面

4. 智能决策

操作说明：【智能决策】用于查询本企业经营状况，并与最优企业对比，不同的模块对比的最优企业不同，对比结果仅用于总经理分析后确认是否调整企业战略。智能决策页面如图 5-48 所示。

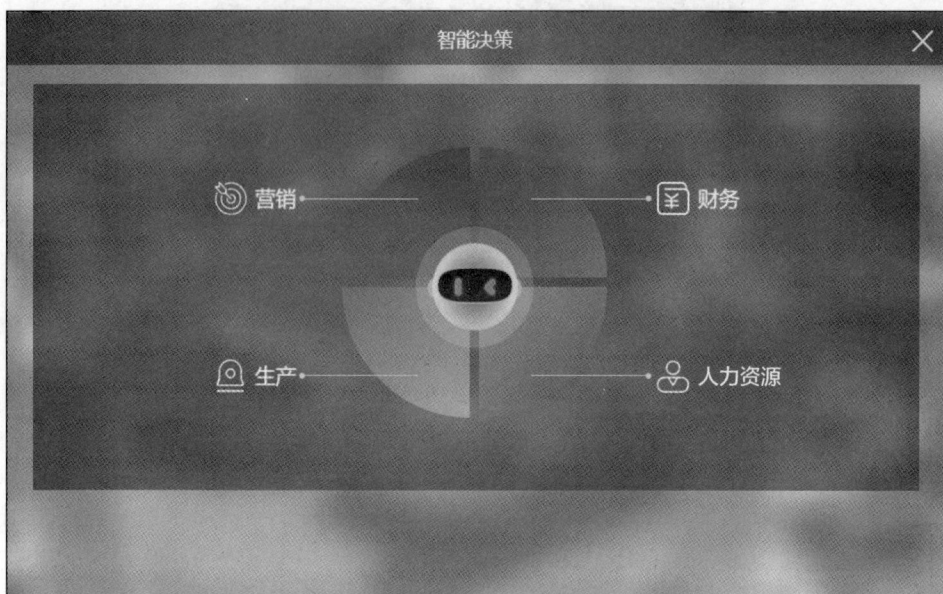

图 5-48　智能决策页面

5. 社会责任

操作说明：①【社会责任】将引导企业领导者具备优秀企业家精神，企业领导者不仅要诚信守法经营，而且要勇于创新，开拓国际视野，将企业建设为一流企业。②页面中社会责任为特殊事件，事件开启后允许企业向灾区捐款，且捐款额度会根据一定比例税前扣除。社会责任页面如图 5-49 所示。

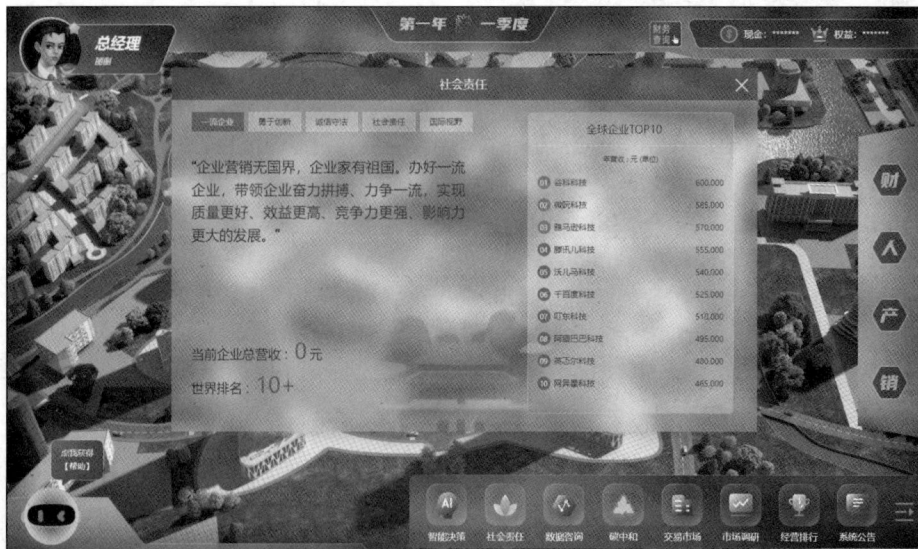

图 5-49　社会责任页面

6. 数据咨询

操作说明：①在数据咨询页面中能够购买其他企业信息，有效期为 1 个季度。②在左上角选择公司，单击【情报购买】按钮即可获得该组的情报。③情报包括财务信息、产品库存、原料库存、产能明细、科研明细、会员明细。数据咨询页面如图 5-50 所示。

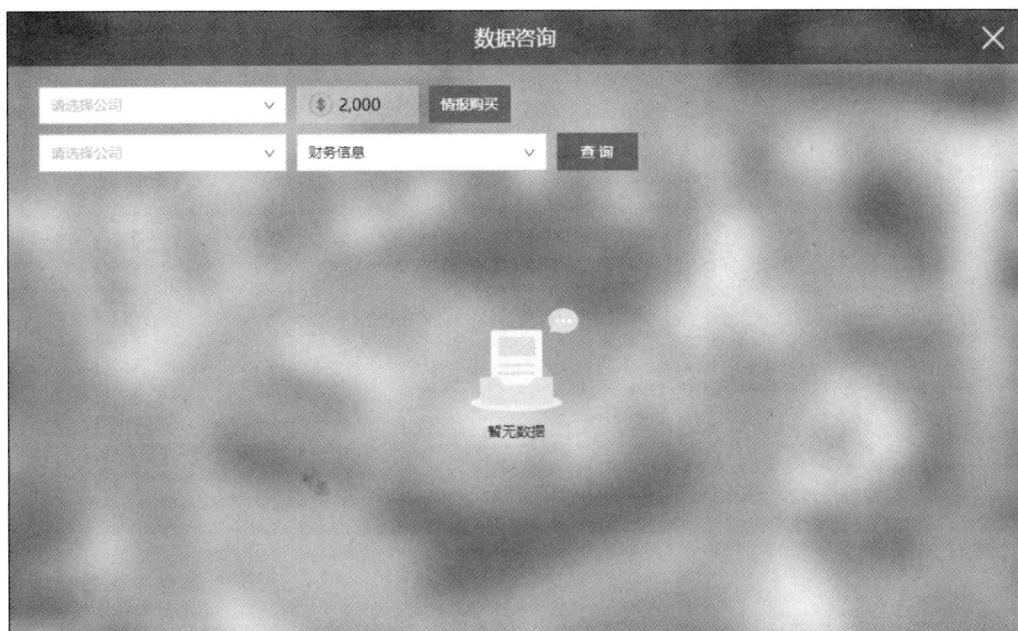

图 5-50　数据咨询页面

7．碳中和

操作说明：①【碳中和】用于展示企业本年被分配的碳排放量。②企业经营时不得超过此分配量，一旦超过该分配量，企业将无法继续生产。③企业经营过程中的碳排放量可以通过植树造林进行中和，并生成中和率。④中和掉的碳排放量不会增加企业总碳排放量。碳中和页面如图 5-51 所示。

图 5-51　碳中和页面

8．经营排行

操作说明：单击【经营排行】按钮，可查看各经营年度的总排名；单击页面上方相关年份按钮，可切换不同年份的经营排名情况，如图 5-52 所示。

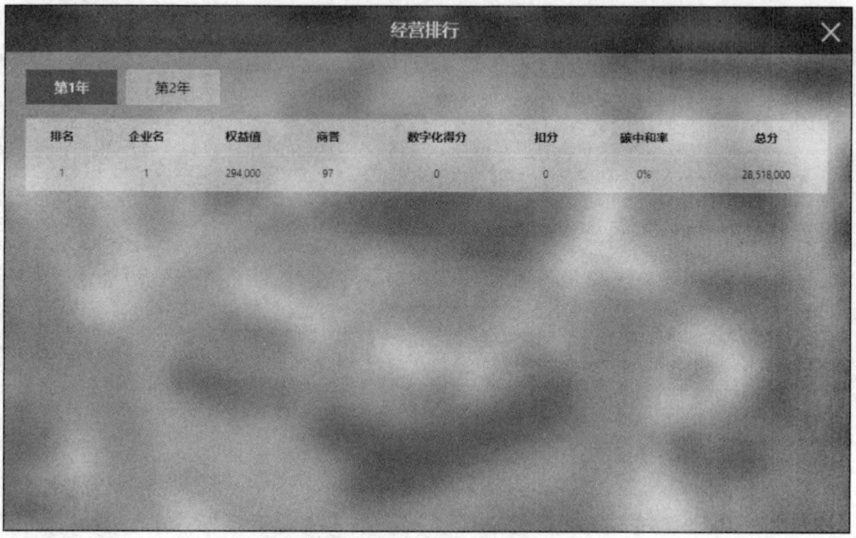

图 5-52　经营排行页面

9.　系统公告

操作说明：①单击【系统公告】按钮，可查看教师下发的消息和公告文件。②单击【下载公告文件】按钮（见图 5-53），打开的页面中会显示已经下发的公告文件，依次单击即可完成下载。③学生能够对已经下载的文件进行编辑。④文件可多次下载。

图 5-53　系统公告页面

5.3.3　营销总监

1.　市场调研

市场调研功能用于查看市场需求量，并制定营销策略。

操作说明：①在营销总监页面中单击【市场调研】按钮，打开市场调研页面，如图 5-54 所示，可根据该市场预测情况制定营销策略。②单击页面上方年份相关按钮，可切换其他年份和季度，查看其他年份和季度的详细需求量状况。

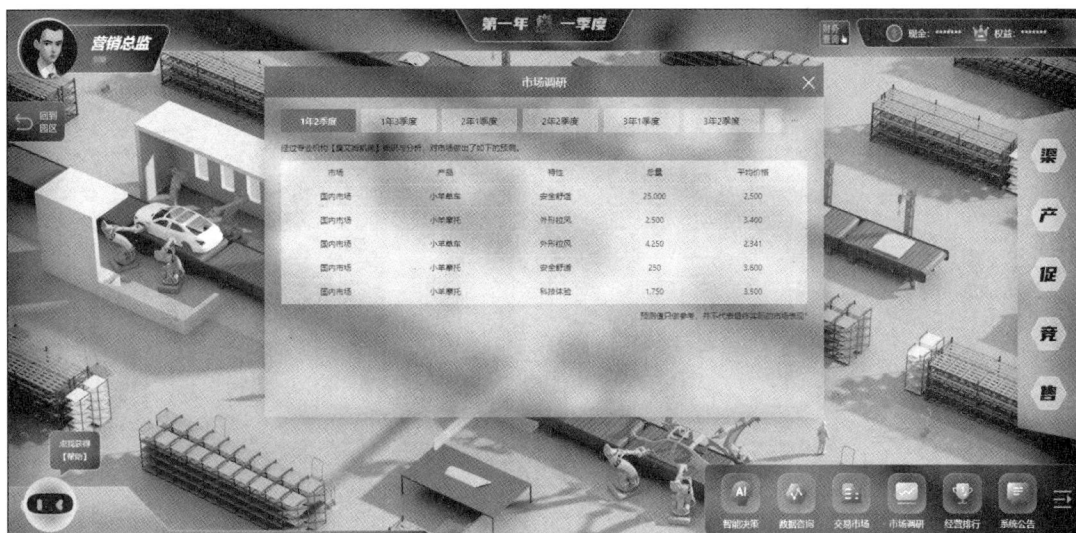

图 5-54　市场调研页面

2. 渠道管理

操作说明：①单击营销总监页面中的【渠】按钮，打开渠道管理页面，如图 5-55 所示，在其中可开拓新市场。②单击【开拓】按钮，完成新市场开发。③可以在开拓完成的市场直接销售产品。

图 5-55　渠道管理页面

3. 产品管理

操作说明：①单击营销总监页面中的【产】按钮，打开产品管理页面，如图 5-56 所示，单击【产品资质状态】按钮，可进行产品资质认证。②单击【申请】按钮完成新产品资质申请。③申请成功的产品，代表企业已经获取该产品生产资质，可以直接用于生产。④单击【ISO 认证状态】按钮，打开 ISO 资质认证页面。⑤在 ISO 资质认证页面，单击【认证】按钮，完成资质认证。⑥认证成功代表企业获得该项资质。资质可用于选单，每张订单后面有资质要求，无资质无法获得订单。

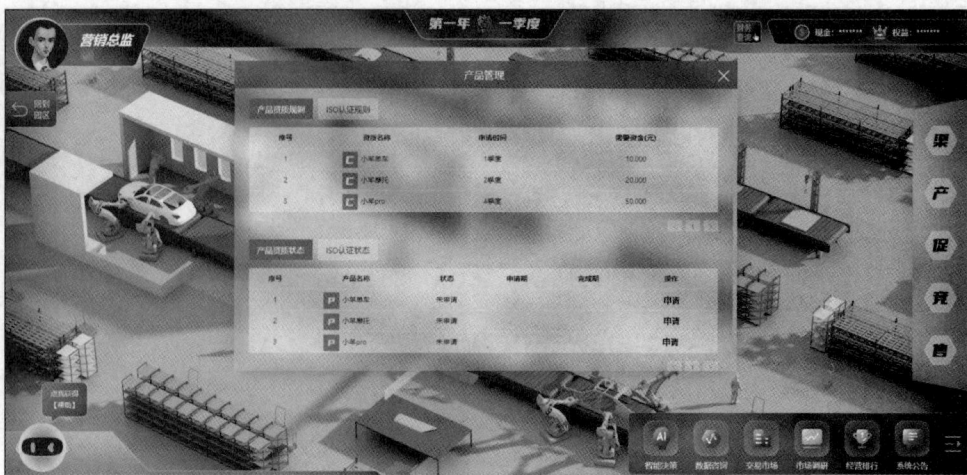

图 5-56   产品管理页面

4. 促销管理

操作说明：①单击营销总监页面中的【促】按钮，打开促销管理页面，如图 5-57 所示。②根据不同市场投放广告额度。③单击【保存】按钮，再次打开页面保留上次投放额度。④单击【提交】按钮，完成广告投放，广告一旦提交成功就无法更改。⑤只允许在获得市场资质的市场中投放广告。

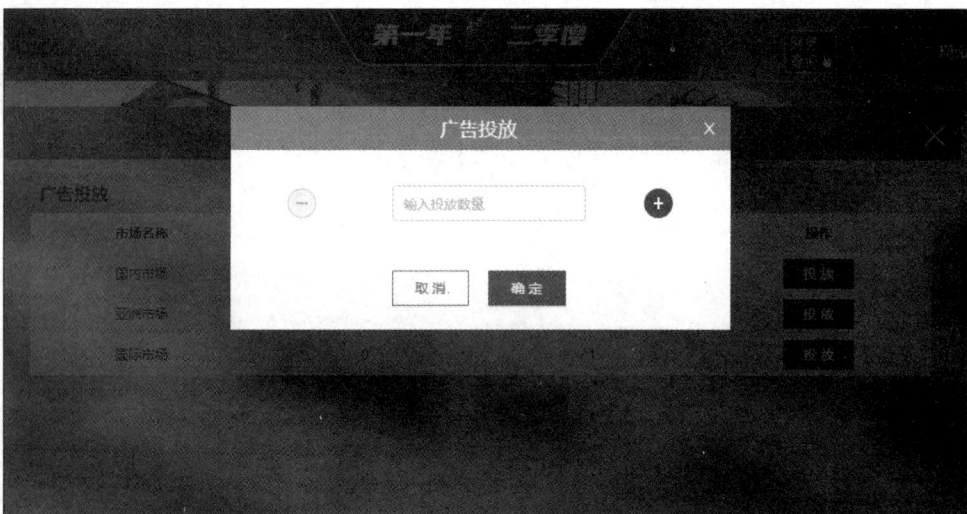

图 5-57   促销管理页面

5. 竞单管理

操作说明：①单击营销总监页面中的【竞】按钮，打开竞单管理页面，如图 5-58 所示。②进入后等待教师开启选单。③按照企业排名情况，轮到本企业选单时，选择计划申报的订单，填写申报数量和申报报价，如图 5-59 所示，单击【确定】按钮，完成订单申报。④单击【已申报订单】按钮，可以查看本组已申报订单的详细情况。如图 5-60 所示。⑤如果发现本组申报的订单有误，在订货会结束之前，回到订单申报页面，将申报数量修改为"0"，单击【确定】按钮，即可取消该项订单的申报。⑥订货会结束之后，选中的订单自动消失在页面中，可通过【售】按钮查看。

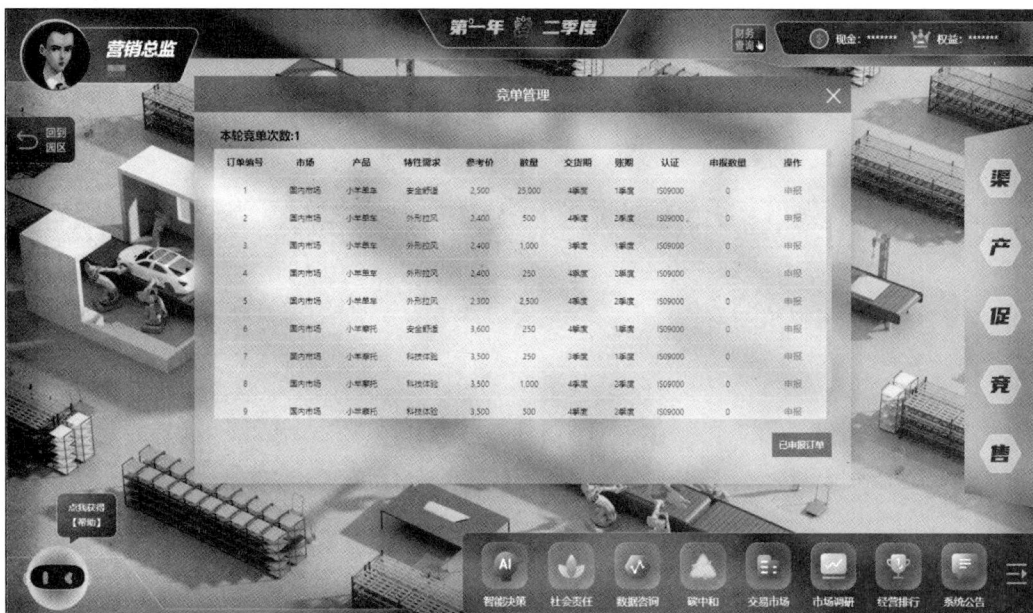

图 5-58 竞单管理页面

图 5-59 订单申报页面

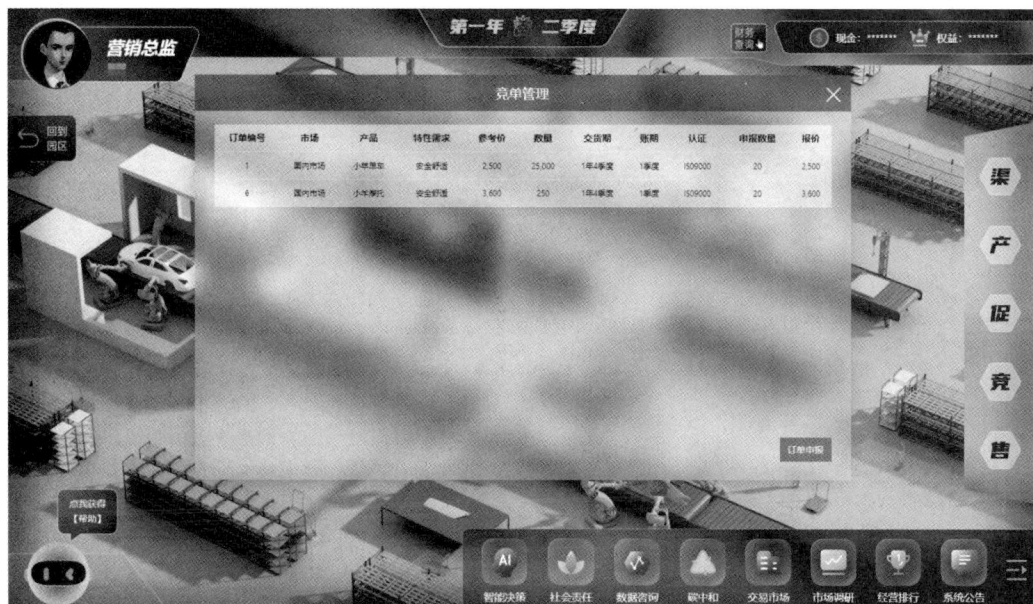

图 5-60 已申报订单页面

6．交付管理

操作说明：①单击营销总监页面中的【售】按钮，打开交付管理页面，如图 5-61 所示。②本页面展示小组选中的订单。③应当在交货期结束前完成交付。④单击【交货】按钮后自动显示产品成本。⑤未按交货期交付，则视为违约，扣除企业违约金。

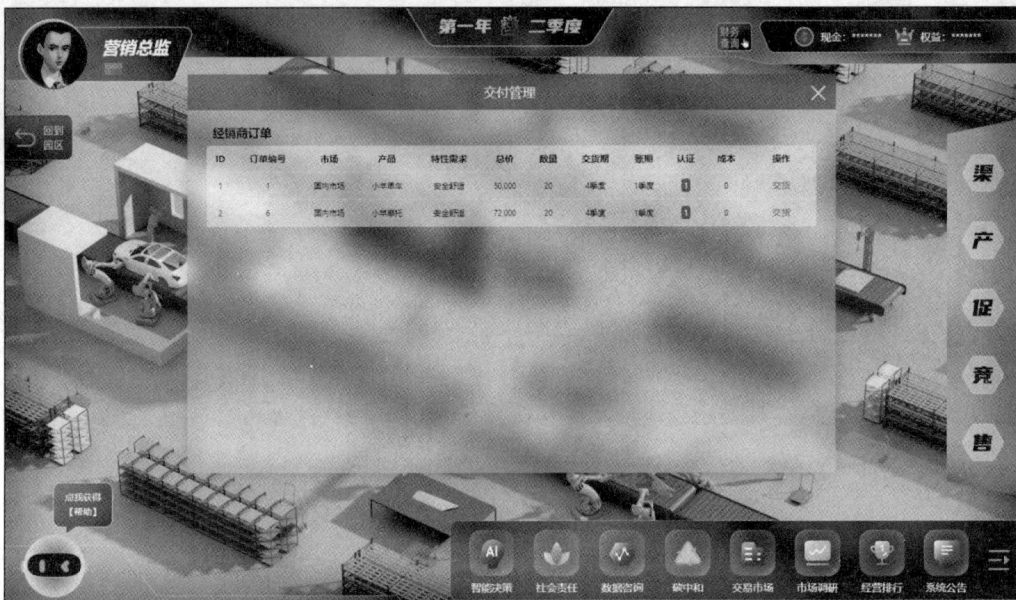

图 5-61　交付管理页面

5.3.4　生产总监

1．交易市场

操作说明：①单击生产总监页面中的【交易市场】按钮，打开交易市场页面，如图 5-62 所示。②生产总监可在交易市场购买原料和产品。③在交易市场购买的东西立刻送达。注：在交易市场购买等同于紧急采购，价格是原来的 N 倍（在规则中查看）。

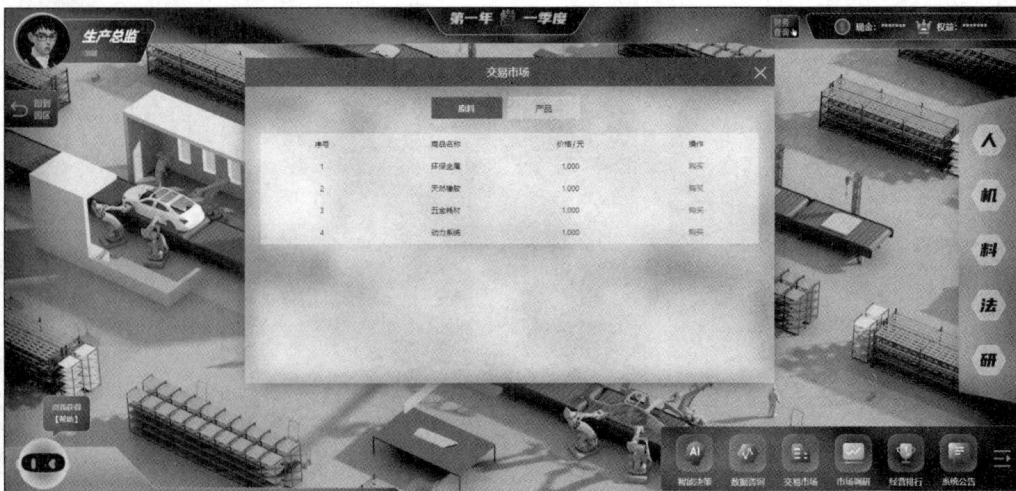

图 5-62　交易市场页面

2. 工人管理

操作说明：①单击生产总监页面中的【人】按钮，打开工人管理页面，如图 5-63 所示。②工人管理分为两个板块——设备管理和在职工人。③在【设备管理】板块，有班次、手工工人、高级技工、实际产量等信息。④可针对停产状态的生产线进行配置等，配置完成后单击【保存】按钮即可。⑤应当依照设备规则，为该生产线配置相应的工人；工人配置完成后，单击【保存】按钮后系统自动算出实际产量，当实际产量出现后，表示该生产线配置完成。⑥班次表示此生产线工人的工作时长，分为 8 时制和 12 时制，班次不同，所产出的产能加成不同（注：12 时制一方面会使工人产量增加，另一方面会大幅降低工人的工作效率）。⑦根据工人和班次，即可计算出实际产量，公式为：实际产量＝基础产能×（1＋初级工效率之和/4＋高级工效率之和）×班次加成。⑧在【在职工人】板块可查看本企业已有工人，可单击【招聘需求填报】按钮，填写招聘需求。

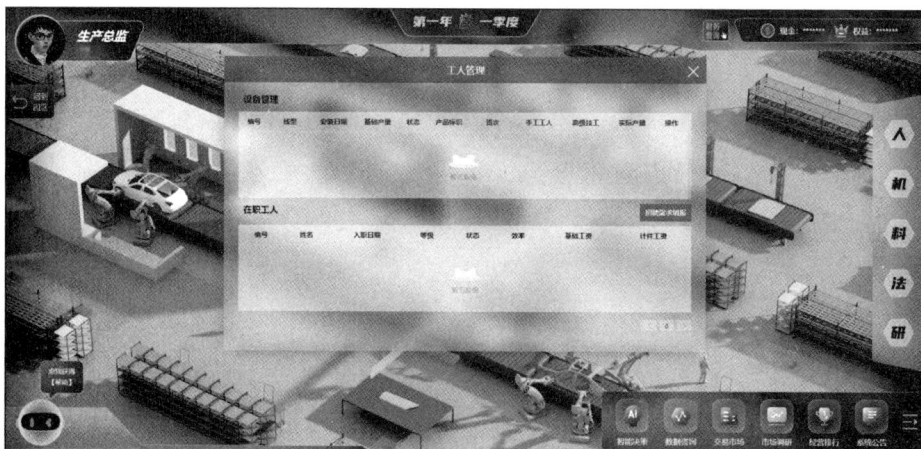

图 5-63　工人管理页面

3. 设备管理

操作说明：①单击生产总监页面中的【机】按钮，打开设备管理页面，如图 5-64 所示。②在设备管理页面中选择线型和产品，单击【新增】按钮即完成生产线购买。③已经安装完成的生产线，可直接生产，单击【开产】按钮即可，如图 5-65 所示。④单击【拆除】按钮，出售此条生产线，如图 5-66 所示。⑤单击【转产】按钮，将原来的产品转产成另一种产品，如图 5-67 所示。

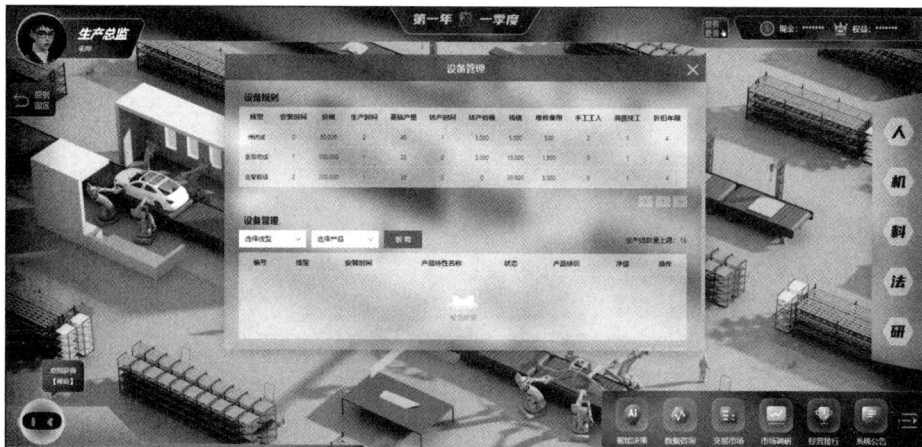

图 5-64　设备管理页面

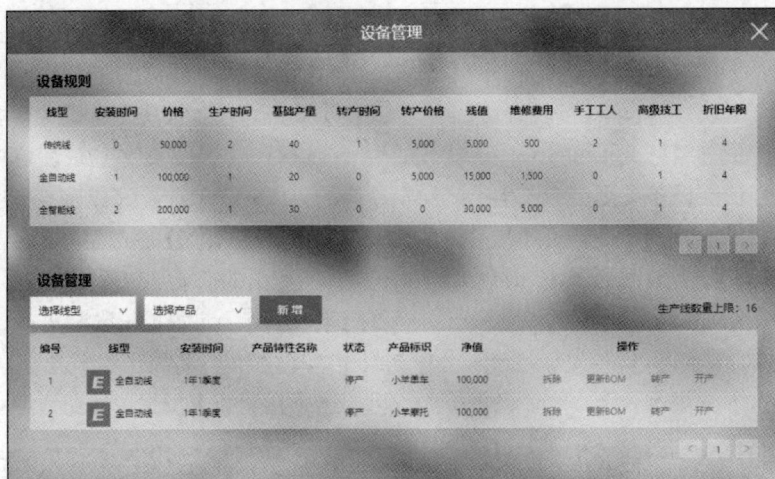

图 5-65　开产页面

图 5-66　拆除页面

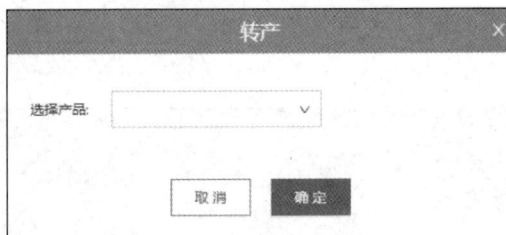

图 5-67　转产页面

4. 库存管理

操作说明：①单击生产总监页面中的【料】按钮，打开库存管理页面，如图 5-68 所示。②在库存管理页面中，单击【下单】按钮，打开下单信息页面。③在下单信息页面中填写具体数字，单击【确定】按钮，完成订购原料操作，如图 5-69 所示。④单击库存管理页面最下方【原料订单】【原料库存】【产品库存】按钮，可随意切换查看详情。⑤单击【收货】按钮，将订购的原料收入库中，如图 5-70 所示。⑥在原料库存、产品库存页面中，可查看具体库存数量，单击【出售】按钮，可将库存折价出售，如图 5-71 和图 5-72 所示。

图 5-68　库存管理页面

图 5-69　原料下单页面

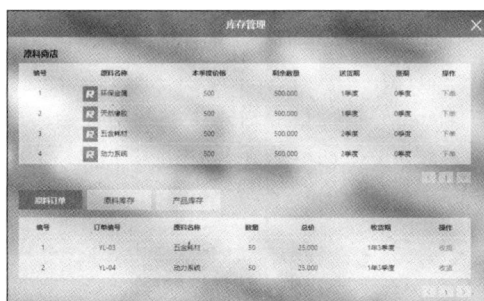

图 5-70　原料订单页面

图 5-71　原料库存出售页面

图 5-72　产品库存出售页面

5. 设计管理

操作说明：①在生产总监页面中单击【法】按钮，打开设计管理页面，如图5-73所示。②在设计管理页面中选择对应的产品原型（P1、P2、P3）和特性（T1、T2、T3）即组成全新的产品，设计完成时需支付设计费用。③每次设计完成后，均有1个版号，版号按照设计次数，从1.0开始，按1.1、1.2依次类推。每次设计需重新支付设计费用（无论是否设计过）。

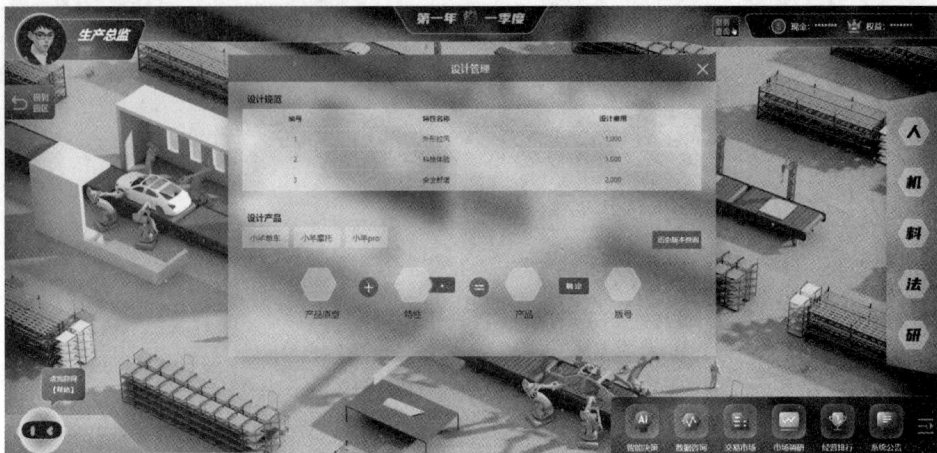

图5-73　设计管理页面

6. 研发管理

操作说明：①在生产总监页面中单击【研】按钮，打开研发管理页面，如图5-74所示。②初始特性研发的值为1，每次研发目标值不得小于当前值，输入目标之后，计算出研发所需费用，费用=（目标值-当前值）×单位研发费用。③单击【研发】按钮，立刻扣除费用。特性研发值的提升有助于企业获取订单。

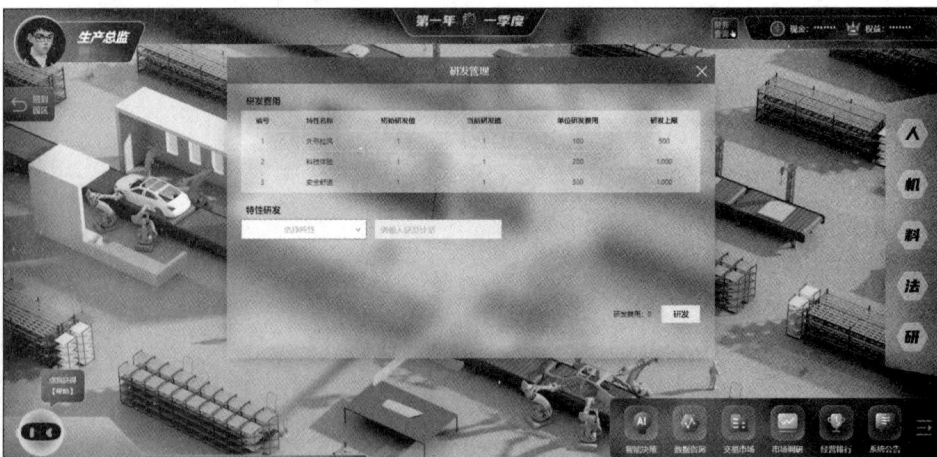

图5-74　研发管理页面

5.3.5　财务总监

1. 融资管理

操作说明：①单击财务总监页面中的【融】按钮，打开融资管理页面，如图5-75所示。②在该页面"融资决策"板块选择一个套餐，在【额度】任务栏中填写额度。③单击【确定】按钮完成操作。④不同的贷款还款方式也不同，需明确不同贷款套餐的还款方式。【利息】表示贷款的利息，直接融资利率 5% 表示，自贷款之日起，到还款期截止，利率为 5%。而长期银行融资利率 2%，是指每季度的利率为 2%。注：申请的贷款不可超过额度上限。

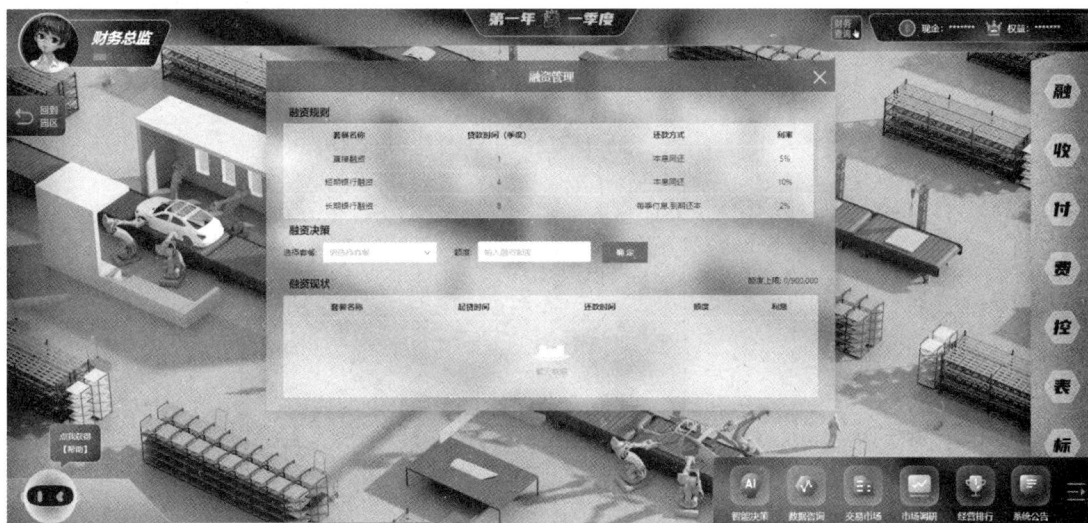

图 5-75　融资管理页面

2. 应收账款管理

操作说明：①单击财务总监页面中的【收】按钮，打开应收账款管理页面。②在应收账款管理页面中单击【收款】按钮，即完成收款操作，如图 5-76 所示。③对于未到期的货款，无法进行收款。若企业急需用钱，可以单击【贴现】按钮，进行贴现，如图 5-77 所示。

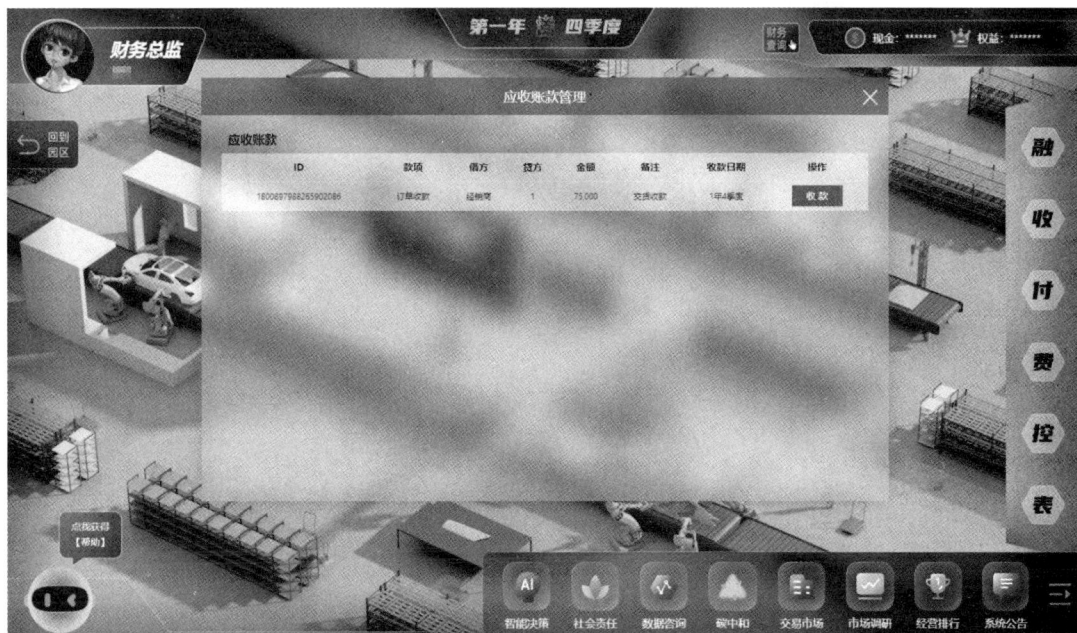

图 5-76　应收账款管理——收款页面

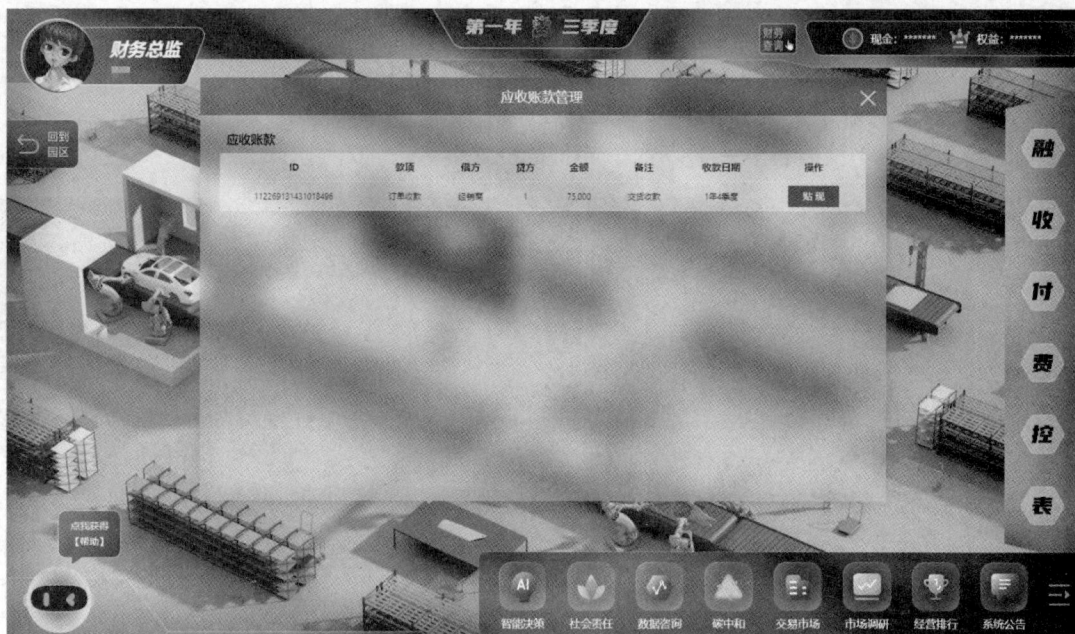

图 5-77　应收账款管理——贴现页面

3. 应付账款管理

操作说明：①单击财务总监页面中的【付】按钮，打开应付账款管理页面，如图 5-78 所示。②在应付账款管理页面下，单击【付款】按钮，完成付款操作。注：关注付款日期，支付本季度应付账款即可，可提前付款但不可延期付款。

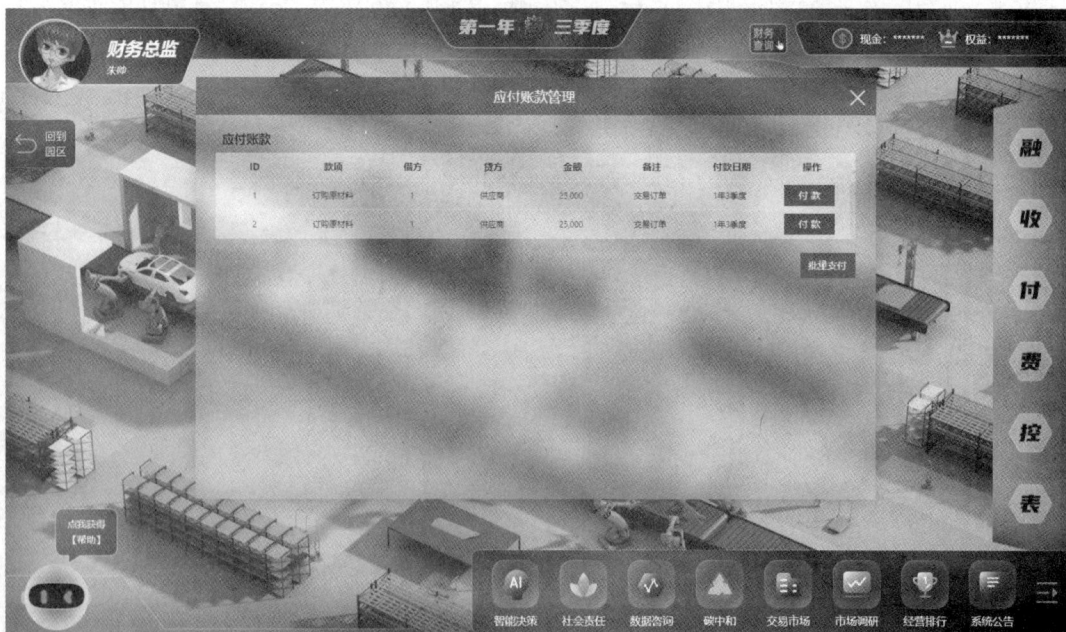

图 5-78　应付账款管理页面

4. 费用管理

操作说明：①单击财务总监页面中的【费】按钮，打开费用管理页面，如图 5-79 所示。

②在费用管理页面下，单击【缴纳】按钮，完成缴费操作。③费用包括管理费用、利息费用、贷款本金等。注：应按时支付各项费用。

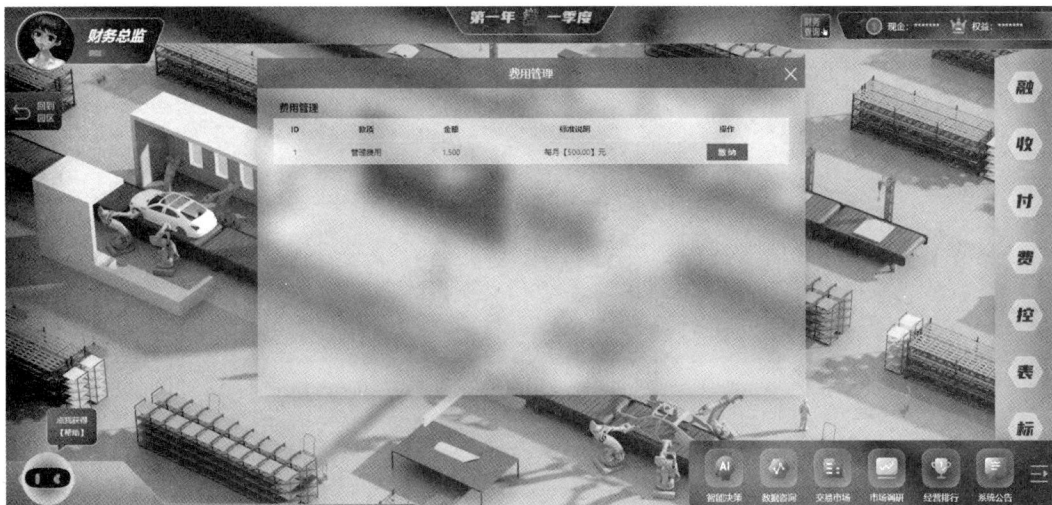

图 5-79　费用管理页面

5. 预算控制

操作说明：①单击财务总监页面中的【控】按钮，打开预算控制页面，如图 5-80 所示。②在预算控制页面中填写市场营销部、生产设计部、人力资源部的本季度预算，单击【确定】按钮。③确定后无法继续更改，再次打开页面，页面中会显示上次填写的数据。

图 5-80　预算控制页面

6. 报表管理

操作说明：①单击财务总监页面中的【表】按钮，打开报表管理页面，如图 5-81 所示。②在报表管理页面中填写综合费用表、利润表、资产负债表。③单击【保存】按钮，再次打开页面，页面中会显示上次填写的数据。④单击【提交】按钮，提交后预算控制页面会展示系统出具的正确数据。注：提交后无法进行其他操作。

图 5-81　报表管理页面

7. 财务指标管理

操作说明：①单击财务总监页面中的【标】按钮，打开财务指标管理页面，如图 5-82 所示。②在财务指标管理页面中，根据公式计算出各项指标。③单击【保存】按钮，再次打开页面，页面中会显示上次填写的数据。④单击【提交】按钮，提交后无法继续更改。

图 5-82　财务指标管理页面

5.3.6　人力资源总监

1. 招聘管理

操作说明：①单击人力资源总监页面中的【选】按钮，打开招聘管理页面，如图 5-83 所示。②在招聘管理页面，人力资源需求板块展示的是生产总监在工人管理页面中填写的招聘需求，人力资源总监要明确目前企业需要招聘多少人（如生产总监无招聘需求，人力资源总监也可自行招聘）。③人力资源市场板块展示的是人才市场，系统随机投入各类工人，人力资源总监应当依照等级、基础效率、期望月薪来选择性价比较高的工人，选取成功，单击【发 offer】按钮即可。④offer 发放完成可单击【修改】按钮用于修改工人工资，以最后一次录入的工资为准。⑤企业发出 offer 后，下季度开始，可查看工人是否入职。

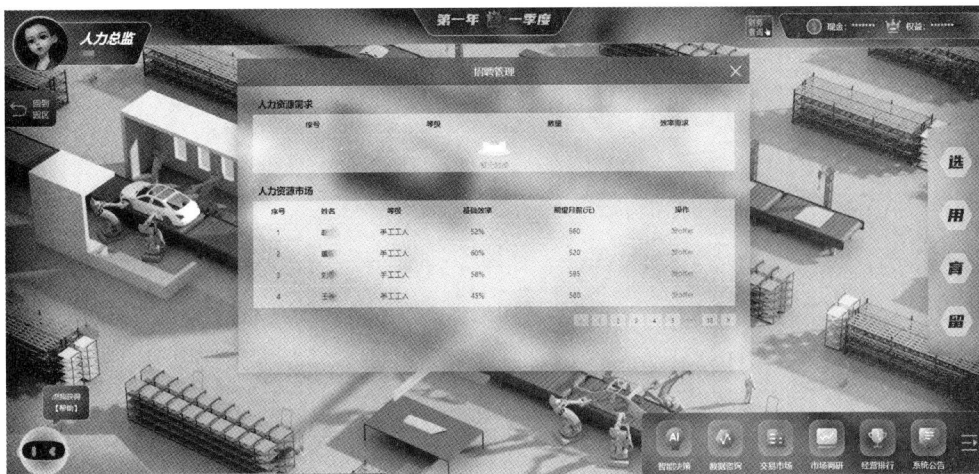

图 5-83 招聘管理页面

2. 岗位管理

操作说明：①单击人力资源总监页面中的【用】按钮，打开岗位管理页面，如图 5-84 所示。②在岗位管理页面中的人才列表可以查看工人情况，工人状态分为三种："工作中"表示该工人目前正在生产中，不可进行解聘操作；"培训中"表示该工人正在接受培训，无法进行其他操作；只有"停工"状态的工人可被解聘。③岗位管理页面有【统一发薪】按钮，单击可一键发放全部薪水。④企业可任意解聘工人，但需要支付赔偿金，赔偿金=（N+1）×月薪。N=工人入职年限，向上取整。（若解聘时，工人处于欠薪状态，同时需要支付所欠工人的工资）。⑤若工人某季度未被发放薪水，视为拖欠工资，跨越季度时系统强制扣除，且被拖欠工资的工人效率减半；若工人被连续拖欠工资两个季度，则该工人直接离职，并且系统强行扣除企业等同于解聘的赔偿金，并扣除 5 点商誉值。

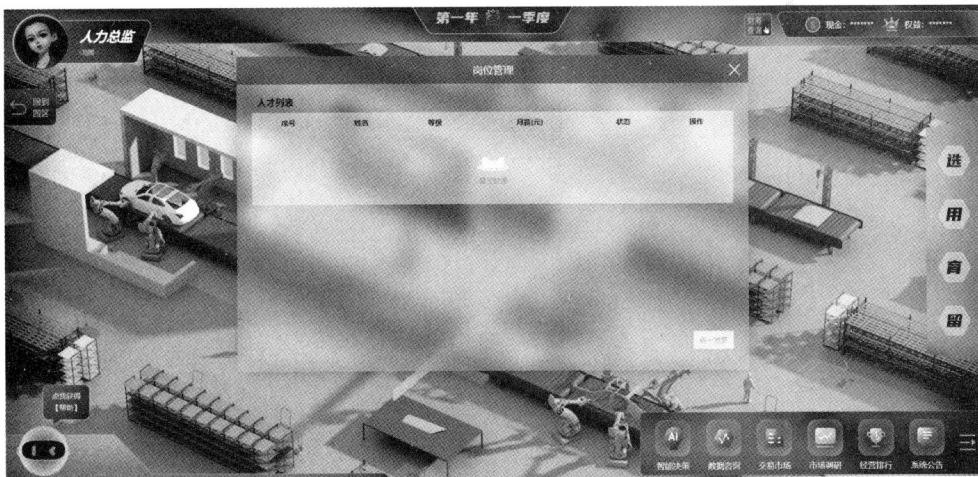

图 5-84 岗位管理页面

3. 培训管理

操作说明：①单击人力资源总监页面中的【育】按钮，进入培训管理页面，如图 5-85 所示。②培训管理是指为工人提升等级，对低等级工人进行培训。培训一个工人花费 5 000 元，培训两个工人花费 10 000 元，以此类推。③【消耗时间】为自开始培训到培训完成，所需要的时间，培训结束后，工人可随意配置在生产线内，培训期间无法进行配置操作（如第一年第二季度开始培训，则第一年第三季度培训完成时才可任意支配工人）。④工人培训前为手工工人，培训结束后为高级技工，高级技工无法再次培训。⑤培训完成后工人工资翻倍，工作效率不变。注意每次培训最多可同时培训4位工人。

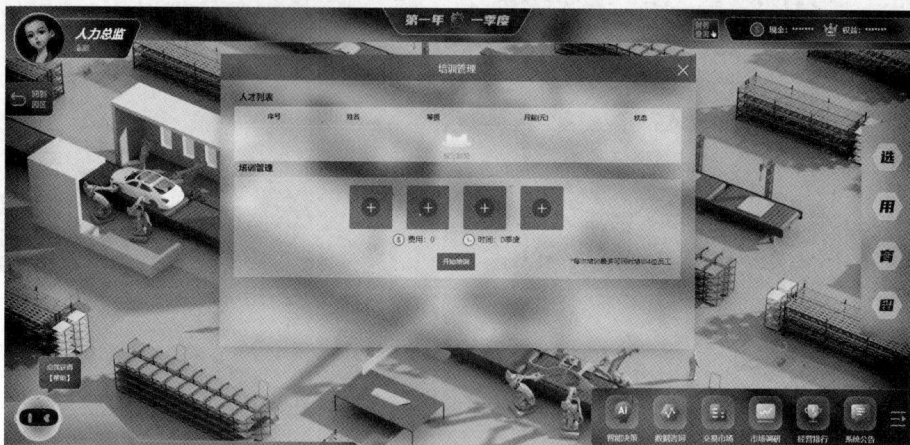

图5-85　培训管理页面

4. 激励管理

操作说明：①单击人力资源总监页面中的【留】按钮，打开激励管理页面，如图5-86所示。②在激励管理页面中查看人才列表，工人激励分为奖金激励和涨薪激励两种方式，激励方式不同，提升效率比例不同，具体比例可查看规则。③在奖金激励方式下，支付的资金为一次性费用，支付费用后，工人效率每万元提升20%（万分比率，如投资5 000元，效率提升10%），工人工资不变。④涨薪激励则改变工人工资，自涨薪季度起，之后工人每月的工资=涨薪金额+原本工资，工人效率每万元提升36%。⑤可以自行选择奖金激励或涨薪激励。

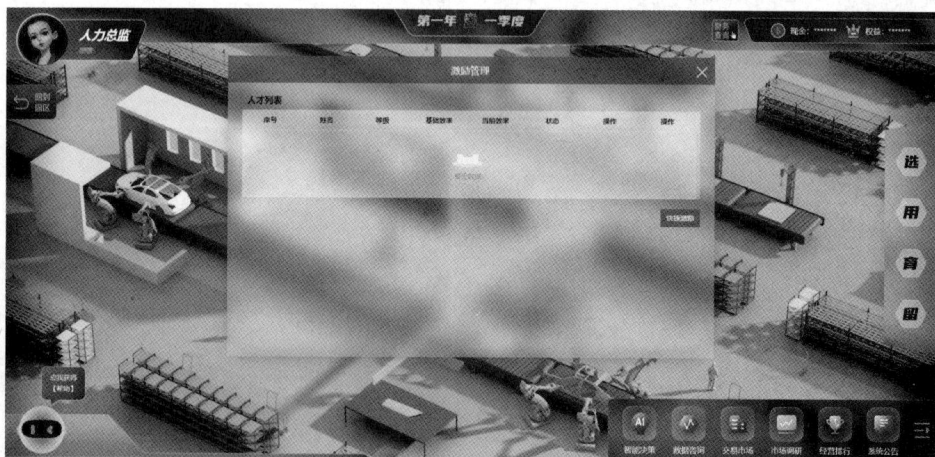

图5-86　激励管理页面

📖 **学以致用**

在教师的指导下完成数智企业经营管理沙盘平台的操作。

📝 学习评价

评价分自评、互评和教师点评。首先，进行组内成员职业素养自评；其次，由成员根据个人自评结果并结合日常表现进行互评；最后，教师点评。自评分数作为参考，互评和教师评价各占 50%，将得分填入相应得分栏目中。

1. 职业素养自评表

在职业素养自评表（见表 5-2）的对应题号相应选项的□中打√，A 表示通过，B 表示基本通过，C 表示未通过。

表 5-2　　　　　　　　　　　　　职业素养自评表

职业素养	评估标准	自测结果	自测得分
责任心	责任心是指对自己的所作所为负责，对他人、对组织承担责任和履行义务的自觉态度。 1. 勇于承担工作中出现的问题，从不推卸责任 2. 能从企业利益出发，自觉承担责任和履行义务，并监督和指导同事完成工作	1. □A　□B　□C 2. □A　□B　□C	
主动性	主动性是指员工在日常工作中，能够不需他人指派，主动承担相应工作的素质。主动性行为描述如下。 1. 表现出对工作的狂热，不需要任何正式的授权形式，个人完成工作 2. 承担远超过要求的工作任务，并积极努力地完成 3. 通过自身努力拓展工作内涵，获取新知识、新经验	1. □A　□B　□C 2. □A　□B　□C 3. □A　□B　□C	
忠诚度	忠诚度是指员工对工作、团队、组织的信任及在关键事件上对企业利益的维护程度、以企业利益为重的意识。 1. 员工对工作、团队、组织高度信任，能积极向领导、同事表达自己对企业存在问题的想法和意见 2. 当出现问题时，能以企业利益为重，必要时牺牲个人利益 3. 在企业利益受损时，能主动维护企业利益	1. □A　□B　□C 2. □A　□B　□C 3. □A　□B　□C	
坚韧性	坚韧性也可称为耐受力、抗压能力、自我控制能力和意志力等，指人们在巨大的压力环境下，克服外部和自身的困难，坚持完成指定任务的倾向。 1. 能承受压力，在困难或威胁面前毫不动摇 2. 面对压力时能进行自我调节，付出辛勤努力，知难而进，坚持不懈完成任务目标	1. □A　□B　□C 2. □A　□B　□C	
纪律性	纪律性是指个人自觉遵守企业各项管理制度，保证个人行为及工作行为不与企业的管理制度和工作原则相抵触的意愿。 1. 能自觉遵守企业各项管理制度，无违纪行为 2. 能积极监督或引导同事遵守企业各项管理制度，且效果显著	1. □A　□B　□C 2. □A　□B　□C	
自信心	自信心是一种对自己的观点、决定和完成任务的能力、有效解决问题的能力的自我信仰。 1. 承担有挑战性、有风险的工作，因为有挑战而兴奋，不断寻找和追求新的挑战 2. 接受困难的工作，出现问题时仍保持积极心态，并坚信自己能够解决	1. □A　□B　□C 2. □A　□B　□C	

续表

职业素养	评估标准	自测结果	自测得分
成就导向	成就导向又称为成就欲、进取心，是指个人希望更好地完成工作或达到某一绩效标准、强烈追求成功的持续性愿望。 1. 设定挑战的目标，并通过不断学习或请教同事来高标准地完成工作任务 2. 采取充分的行动，在完成工作或工作过程中进行总结创新，并应用于今后的工作中 3. 不满足于平均业绩，追求卓越	1. □A □B □C 2. □A □B □C 3. □A □B □C	
敬业精神	敬业精神是指个人调整自己的行为使其符合组织要求和组织利益的愿望和能力。 1. 有专业思想，热爱本职工作，有旺盛的进取意识，利用各种资源使工作成果最大化 2. 以企业利益及整体和谐性为标准，调整自己的行为	1. □A □B □C 2. □A □B □C	
诚信意识	诚信意识是指以诚实、善良的心态行使权利、履行义务，不受个人利益、好恶的影响，信守承诺。 员工能以诚实、善良的心态行使权利、履行义务、信守承诺	□A □B □C	
成本意识	成本意识是指在保证正常工作状态和质量的前提下，通过控制成本、增加产出、优化流程等手段，节约资源，使利润最大化的意识。 1. 工作中将成本控制在预算范围内，积极寻找降低成本的方法 2. 能对成本控制及流程优化提出有效建议，且效果显著 3. 对周围的浪费情况进行制止，与同事分享节约成本及资源的方法并进行推广	1. □A □B □C 2. □A □B □C 3. □A □B □C	
全局观	全局观是指个人在开展工作或进行决策时，能够考虑他人、其他部门或企业整体的情况，从组织的整体或长远利益出发，顾全大局，为了整体利益能够牺牲局部利益或个人利益。 1. 不计较个人得失，服从指挥，贯彻命令 2. 清楚企业各部门或人员的关联性及其他部门的职能 3. 能与其他部门或人员求同存异，积极开展合作 4. 能从全局出发，积极协助其他部门或人员完成工作	1. □A □B □C 2. □A □B □C 3. □A □B □C 4. □A □B □C	
小计			

评分说明：选 A 得 3 分，选 B 得 2 分，选 C 得 1 分，最高 81 分

学生签字：　　　　　　　　教师签字：　　　　　　　　　　年　月　日

2. 职业素养测评表

职业素养测评表如表 5-3 所示。

表 5-3　　　　　　　　　　　　职业素养测评表

评价内容	考核点	考核得分		
		小组评价	教师评价	综合得分
职业素养（60分）	责任心、主动性、忠诚度、坚韧性、纪律性、自信心、成就导向、敬业精神、诚信意识、成本意识、全局观			
成果（40分）	经营成果排名			

第6章 ERP企业经营沙盘模拟实训总结

学习目标

1. 学会总结分析，善于查找问题、分析问题并提出解决办法。
2. 掌握实训总结的撰写方法。

工作任务

1. 讨论确定每天的工作任务。
2. 总结每天的实训成果。
3. 分析实训的成败得失。

课前导入

善于总结

秦国蜀郡太守李冰潜心钻研水文，设计建造了"独奇千古"的都江堰水利工程，总结出"深淘滩，低作堰"的治水六字诀、"遇弯截角，逢正抽心"的八字真言，泽被后世。楚霸王项羽自矜其功，直到四面楚歌时仍执迷不悟，发出"天亡我，非用兵之罪也"的喟叹；汉高祖刘邦清醒自知，将"所以取天下"的原因归结为"三者皆人杰，吾能用之"。回溯历史，一个人总结能力的强弱，映照着其认知水平、为人境界，在某种程度上影响着一个人人生的走向与事业的成败。

王安石创作"春风又绿江南岸"时，一个"绿"字，就经历了多次揣摩。若安于做思想懒汉，惯于照猫画虎，他就难以成就高质量的总结。保持清醒、善于钻研、提高认识，才能知兴替、明得失，用理性之光照亮前行之路。

如果我们缺少勇于剖析的心理素质，丧失探寻本质的研究精神，就容易制造言不由衷、词不达意的花架子，总结的效果必然会大打折扣。从某种意义上来说，总结是客观的观察，也是高度的概括、智慧的结晶，必须保证含金量。

思考： 在现实生活中，总结有何作用？在进行企业经营沙盘模拟实训时，我们应如何进行总结？

6.1 学生日常记录

成长在于积累。好记性不如烂笔头，笔记是积累的一种方式。它记录了你的发现、你的感悟、你的成长。把它们收集起来，作为你的珍藏，这些都是你宝贵的财富。

学生应该对每天的模拟经营实训情况进行复盘，记录学会的知识点、技能点及任务完成情况，也应记下每天的疑问和困惑，通过咨询指导教师或尝试自己提出解决方案留待次日实战验证等。

实训小结表如表 6-1 所示。

表 6-1　　　　　　　　　　第　　天实训小结

时间：　　　　　　　　　　　　　工作任务：

有哪些收获：学会了什么（记录知识点或技能点）？任务完成情况如何
你遇到了哪些问题？请试试提出自己的解决思路或者办法

6.2　学生个人总结

实训结束前一天，学生应撰写个人总结。学生应从 3 个方面进行个人总结：简述所在企业的经营状况；总结所担任角色的得与失；对自身下一步学习发展提出意见和建议。

（不够可另附页）

6.3 学生小组总结

实训结束前一天，学生应撰写小组总结。学生应从3个方面进行小组总结：简述所在企业的经营状况；分析企业成败的关键点和原因；对企业经营进行再设计，完善经营规划方案。

（不够可另附页）

6.4 学生实训总结交流

学习别人的长处，弥补自己的短处。实训最后一天上午，在组内交流的基础上，每组派 1 名代表进行总结交流。

（1）组长召开总结会，总结本次实训的完成情况。

（2）组员自由发言，总结自己的工作情况及与其他组员的配合情况，对自己工作的满意度进行评价。

（3）组长小结，对本组成员的工作满意度进行分析，并对本次实训中存在的问题提出改进措施。

（4）确定本组参加小组总结交流的代表。

实训总结交流：

6.5　指导教师点评与分析

实训指导教师在每个小组代表总结交流完毕后，对每个小组的实训过程和总结交流情况进行点评，指出每个小组的收获和存在的问题。

指导教师点评与分析：

学以致用

实训结束了，是否有意犹未尽的感觉？结束也意味着新的开始，好好回顾一下本课程，你最主要的收获是什么？关于课程有哪些建议？

学习评价

评价分自评、互评和教师点评。首先，进行组内成员职业素养自评；其次，由成员根据个人自评结果并结合日常表现进行互评；最后，教师点评。自评分数作为参考，互评和教师评价各占 50%，将得分填入相应得分栏目中。

1. 职业素养自评表

在职业素养自评表（见表 6-2）的对应题号相应选项的□中打√，A 表示通过，B 表示基本通过，C 表示未通过。

表 6-2　　　　　　　　　　　　　　　职业素养自评表

职业素养	评估标准	自测结果		自测得分
责任心	责任心是指对自己的所作所为负责，对他人、对组织承担责任和履行义务的自觉态度。 1. 勇于承担工作中出现的问题，从不推卸责任 2. 能从企业利益出发，自觉承担责任和履行义务，并监督和指导同事完成工作	1. □A　□B □C 2. □A　□B □C		
主动性	主动性是指员工在日常工作中，能够不需他人指派，主动承担相应工作的素质。主动性行为描述如下。 1. 表现出对工作的热情，不需要任何正式的授权形式，个人完成工作 2. 承担远超过要求的工作任务，并积极努力地完成 3. 通过自身努力拓展工作内涵，获取新知识、新经验	1. □A　□B □C 2. □A　□B □C 3. □A　□B □C		
忠诚度	忠诚度是指员工对工作、团队、组织的信任及在关键事件上对企业利益的维护程度、以企业利益为重的意识。 1. 员工对工作、团队、组织高度信任，能积极向领导、同事表达自己对企业存在问题的想法和意见 2. 当出现问题时，能以企业利益为重，必要时牺牲个人利益 3. 在企业利益受损时，能主动维护企业利益	1. □A　□B □C 2. □A　□B □C 3. □A　□B □C		
坚韧性	坚韧性也可称为耐受力、抗压能力、自我控制能力和意志力等，是指人们在巨大的压力环境下，克服外部和自身的困难，坚持完成指定任务的倾向。 1. 能承受压力，在困难或威胁面前毫不动摇 2. 面对压力时能进行自我调节，付出辛勤努力，知难而进，坚持不懈完成任务目标	1. □A　□B □C 2. □A　□B □C		
纪律性	纪律性是指个人自觉遵守企业各项管理制度，保证个人行为及工作行为不与企业的管理制度和工作原则相抵触的意愿。 1. 能自觉遵守企业各项管理制度，无违纪行为 2. 能积极监督或引导同事遵守企业各项管理制度，且效果显著	1. □A　□B □C 2. □A　□B □C		

续表

职业素养	评估标准	自测结果	自测得分
自信心	自信心是一种对自己的观点、决定和完成任务的能力、有效解决问题的能力的自我信仰。 1. 承担有挑战性、有风险的工作，因为有挑战而兴奋，不断寻找和追求新的挑战 2. 接受困难的工作，出现问题时仍保持积极心态，并坚信自己能够解决	1. □A　□B 　□C 2. □A　□B 　□C	
成就导向	成就导向又称为成就欲、进取心，是指个人希望更好地完成工作或达到某一绩效标准、强烈追求成功的持续性愿望。 1. 设定挑战的目标，并通过不断学习或请教同事来高标准地完成工作任务 2. 采取充分的行动，在完成工作或工作过程中进行总结创新，并应用于今后的工作中 3. 不满足于平均业绩，追求卓越	1. □A　□B 　□C 2. □A　□B 　□C 3. □A　□B 　□C	
敬业精神	敬业精神是指个人调整自己的行为使其符合组织要求和组织利益的愿望和能力。 1. 有专业思想，热爱本职工作，有旺盛的进取意识，利用各种资源使工作成果最大化 2. 以企业利益及整体和谐性为标准调整自己的行为	1. □A　□B 　□C 2. □A　□B 　□C	
诚信意识	诚信意识是指以诚实、善良的心态行使权利、履行义务，不受个人利益、好恶的影响，信守承诺。 员工能以诚实、善良的心态行使权利、履行义务、信守承诺	□A　□B □C	
成本意识	成本意识是指在保证正常工作状态和质量的前提下，通过控制成本、增加产出、优化流程等手段，节约资源，使利润最大化的意识。 1. 工作中将成本控制在预算范围内，积极寻找降低成本的方法 2. 能对成本控制及流程优化提出有效建议，且效果显著 3. 对周围的浪费情况进行制止，与同事分享节约成本及资源的方法并进行推广	1. □A　□B 　□C 2. □A　□B 　□C 3. □A　□B 　□C	
全局观	全局观是指个人在开展工作或进行决策时，能够考虑他人、其他部门或企业整体的情况，从组织的整体或长远利益出发，顾全大局，为了整体利益能够牺牲局部利益或个人利益。 1. 不计较个人得失，服从指挥，贯彻命令 2. 清楚企业各部门或人员的关联性及其他部门的职能 3. 能与其他部门或人员求同存异，积极开展合作 4. 能从全局出发，积极协助其他部门或人员完成工作	1. □A　□B 　□C 2. □A　□B 　□C 3. □A　□B 　□C 4. □A　□B 　□C	
小计			

评分说明：选 A 得 3 分，选 B 得 2 分，选 C 得 1 分，最高 81 分

学生签字：　　　　　　教师签字：　　　　　　　　　年　月　日

2. 职业素养测评表

职业素养测评表如表 6-3 所示。

表 6-3　　　　　　　　　　　　　　职业素养测评表

评价内容	考核点	考核得分		
		小组评价	教师评价	综合得分
职业素养（60 分）	责任心、主动性、忠诚度、坚韧性、纪律性、自信心、成就导向、敬业精神、诚信意识、成本意识、全局观			
成果（40 分）	经营成果排名			

附录 2023 年全国职业院校技能大赛（高职组）"企业经营沙盘模拟"赛项规程

一、赛项信息

赛项信息可见表 1-1。

表 1-1　　　　　　　　　　　赛项信息

赛项类别			
□每年赛　　☑隔年赛（☑单数年/□双数年）			
赛项组别			
□中等职业教育　☑高等职业教育			
☑学生赛（□个人/☑团体）　□教师赛（试点）　□师生同赛（试点）			
涉及专业大类、专业类、专业及核心课程			
专业大类	专业类	专业名称	核心课程 （对应每个专业，明确涉及的专业核心课程）
33 财经商贸大类（高职本科）	3306 工商管理类	330601 企业数字化管理	财务管理
			数字化生产运作管理
			数字营销实务
			人力资源管理
			数字化供应链管理
			企业战略管理
			企业资源计划实训
		330602 市场营销	数字营销策划
			品牌策划与管理
			企业战略管理
			数字营销实训
	3303 财务会计类	330301 大数据与财务管理	智能化成本核算与管理
			智能财务共享实务
			会计信息系统应用
			财务机器人应用与开发
			预算与绩效管理
		330302 大数据与会计	智能成本会计
			会计信息系统
			数字化财务管理
			数字管理会计

续表

专业大类	专业类	专业名称	核心课程 （对应每个专业，明确涉及的专业核心课程）
53 财经商贸大类（高职专科）	5306 工商管理类	530601 工商企业管理	财务管理
			战略管理
			供应链管理
		530601 工商企业管理	人力资源管理
			企业经营沙盘模拟实训
			企业数字化管理实训
		530602 连锁经营与管理	采购与供应链管理
			数字营销
		530603 商务管理	市场调研与数据分析
			品牌策划与推广
		530604 中小企业创业与经营	商业模式创新与设计
			创业融资管理
			创业沙盘
			企业管理沙盘
		530605 市场营销	数字营销
			销售与管理
			品牌策划与推广
			数字营销实训
	5303 财务会计类	530301 大数据与财务管理	企业财务会计
			财务管理实务
			管理会计
			内部控制与风险管理
			财务大数据分析
		530304 会计信息管理	纳税实务
			财务机器人应用
			企业经营沙盘模拟训练
	5304 统计类	530401 统计与大数据分析	Excel 在统计中的应用
			大数据分析与可视化
		530402 统计与会计核算	企业财务会计
			数据分析与可视化
			财务大数据分析
			财务大数据分析实训
	5308 物流类	530808 采购与供应	生产运作管理实务
			供应链数字化运营实训

对接产业行业、对应岗位（群）及核心能力		
产业行业	**岗位（群）**	**核心能力** 【对应每个岗位（群），明确核心能力要求】
现代服务业	管理咨询专员	具有战略目标确定、战略分析、战略选择与评价、战略实施、战略控制等企业战略管理基本能力
		具有运营规划、质量管理、营销管理、供应链管理、客户服务管理、安全危机管理、财务管理等企业运营管理能力
		具有企业市场调研分析、管理方案制定、管理改善执行、改善效果评估等管理咨询的能力
	数字化管理师	具有企业工作流程梳理、诊断分析、改进提升等企业数字化管理与数字技术应用的能力
		具有企业内外部环境分析、战略规划制定、数字化战略目标设置、诊断分析等企业战略管理的能力
	企业经理	具有中小企业财务成本控制、现金流管理、税务筹划等财务管理的能力
	大数据分析人员	具有应用统计软件对数据进行清洗、整理、挖掘、分析和可视化输出的能力
		具有企业内部经营和产出统计、产品质量统计与控制、人力资源管理与内部绩效统计、企业外部市场环境统计分析等企业统计核算能力
	人力资源管理专员	具有企业组织设计、人员招聘与培训、绩效管理、薪酬管理、团队管理、文化建设等人员管理能力
	人力资源管理	具有筛选、面试、录用、招聘结果评估等能力
		具有培训需求分析、培训计划制订、培训过程管理、培训效果评估、培训结果转化的能力
		具有进行工资核算及社会保险和住房公积金申报、征缴、转移等业务操作及开展岗位评价和协助设计薪酬体系的能力
		具有借助数字化平台进行组织架构设计、人岗适配、个性化培训、绩效考评等数字化人力资源管理的能力
	市场营销员	具有数据采集、数据整理统计、信息技术应用的能力
		具有客户寻找及合同签订的能力
	互联网营销师	具有竞争调研、行业调研、用户调研、产品调研、用户行为分析的能力
		具有数字营销策划、数字广告营销、数字互动营销、数字营销技术应用的能力
		具有品牌调研与分析、品牌定位与设计、品牌传播与推广的能力
	供应链运营	具有市场需求预测与客户管理、制订供应链销售与运营计划的能力
		具有供应链生产计划编制、实施与控制的能力
		具有供应链计划与协调、流程优化与绿色低碳运营的能力
	财务会计类	具有资金结算与内控管理的能力
		具有企业收支业务办理、出纳业务处理和往来资金管理的能力
		能运用会计核算方法
		能运用财务数据分析的基本方法和常用分析工具
		具有企业经营数据、财务报表数据分析的能力

二、竞赛目标

为贯彻落实党的二十大"实施科教兴国战略，强化现代化建设人才支撑"精神，本赛项以国家职业教育专业目录及专业教学标准、国家职业技能等级标准、职业院校专业简介等有关标准为依据；以培育工匠精神为宗旨，积极探索财经商贸类创新型技能人才培养新模式，进一步提高财经商贸类专业高素质技术技能人才培养质量。

本赛项通过企业信息化经营模拟和企业数字化经营模拟两个阶段，使学生深入了解企业经营流程。赛项考查参赛选手企业经营管理综合能力，包括市场趋势预测、市场开发决策、产品研发决策、人力资源招聘与控制决策、资金预算使用、经营成本控制、财务报表分析和企业经营利润把控等核心技能，以及诚信意识、技术意识、数智思维、市场洞察、创新意识和系统思维等素养。赛项检验财经商贸类专业的教学改革成果，培养能胜任现代企业经营管理的高素质技术技能人才，促进产教融合、科创融汇，为高等职业院校师生提供交流借鉴的平台，引领和促进财经商贸类专业教学改革，助推企业数智化转型，服务数字中国建设。

三、竞赛内容

本赛项立足实际工作场景，重点考核选手企业经营管理综合职业能力和数智化素养。参赛学生根据企业背景资料，利用竞赛平台模拟企业从信息化经营模拟阶段到数字化经营模拟阶段的全过程。竞赛分为四个岗位：财务总监、生产总监、营销总监、人力资源总监，四个岗位的人员协同完成四个年度企业经营活动。信息化经营模拟阶段主要考查团队战略目标的确定、分析、选择与评价、实施、控制等企业战略管理基本能力，运营规划、质量管理及营销、供应链、财务管理等企业运营管理能力。团队依据 PDCA 理论，采用规划与模拟经营相结合的方式，综合展现团队项目管理能力及信息化管理素养。数字化经营模拟阶段主要考查团队利用智能算法、RPA 机器人、数据可视化分析等数字化技术，进行企业数字化管理与协同、数字信息分析与决策，使企业生产、加工、储存、人力、营销等管理活动得以转型。两个阶段均由系统自动评分。

竞赛分为企业信息化经营模拟阶段和企业数字化经营模拟阶段两个阶段，总分 100 分。

（一）企业信息化经营模拟阶段

企业信息化经营模拟阶段主要考查团队在信息化环境中的企业运营管理能力和管理工具的应用能力。

1. 企业信息化经营模拟阶段。分析市场需求与经营参数，制定未来两年经营规划。依据市场需求和竞争态势实施市场营销，获取订单。根据订单，以销定产，通过人力资源招聘、营运资金管理、供应链生产管理生产产品、交付订单、获取利润，推进企业发展，检验团队企业经营管理综合能力。

2. 在沙盘模拟中运用管理工具。计划（Plan，P）：年初战略规划，设定盈利目标，实施计划，制定收支预算。执行（Do，D）：执行信息化企业经营全流程，依据目标与计划实施。检查（Check，C）：以提交年末报表为结束点，对执行结果检查。处理（Act，A）：对检查结果进行明细查看与总结。

（二）企业数字化经营模拟阶段

企业数字化经营模拟阶段主要考查团队数字化技术应用能力及企业经营综合决策能力。

1. 在沙盘模拟中构建数字化管理平台。①RPA 机器人设计：设计可以自动处理的任务以及条件。②智能招聘算法设计：设定智能筛选简历的关键指标及排序逻辑。③智能生产算法设计：设定智能生产算法的关键环节以及判断逻辑。④经营数据可视化：设定数据指标与维度，将数据进行可视化呈现，形成看板，辅助决策。

2. 企业数字化经营模拟阶段。使用数字化管理平台驱动营销管理、生产管理、人力资源管理、财务管理，实时分析竞争对手企业各类信息，挖掘数据，依据数据经营，以数字技术、数字意识驱动企业数字化变革，展现团队的协作意识、创新意识。各模块说明如表 3-1 所示。

表 3-1　　　　　　　　　　　　　　　　模块说明

模块		主要内容	比赛时长	分值
模块一	企业信息化经营模拟阶段（1、2 经营年）	企业信息化经营模拟阶段。分析市场需求与经营参数，制定未来两年经营规划。依据市场需求和竞争态势实施市场营销，获取订单。根据订单，以销定产，通过人力资源招聘、营运资金管理、供应链生产管理生产产品、交付订单、获取利润，推进企业发展，检验团队企业经营管理综合能力	250 分钟	30%
		在沙盘模拟中运用管理工具。（P）计划：年初进行战略规划，设定盈利目标，实施计划，制定收支预算。（D）执行：执行信息化企业经营全流程，依据目标与计划实施。（C）检查：以提交年末报表为结束点，结束时，对执行结果检查，系统自动输出计划完成率。（A）处理：对检查结果进行明细查看与总结		
模块二	企业数字化经营模拟阶段（3、4 经营年）	在沙盘模拟中应用数字化技术构建数字化管理平台。①RPA 机器人设计：设计 RPA 机器人可以自动处理的任务以及条件。②智能招聘算法设计：设定智能筛选简历的关键指标及排序逻辑。③智能生产算法设计：设定智能生产算法的关键环节以及判断逻辑。④经营数据可视化：设定数据指标与维度，将数据进行可视化呈现，形成看板，辅助决策	230 分钟	70%
		企业数字化经营模拟阶段：使用数字化管理平台驱动营销管理、生产管理、人力资源管理、财务管理，实时分析企业竞品、企业各类信息，挖掘数据，依据数据经营，以数字技术、数字意识驱动企业数字化变革，展现团队的协作意识、创新意识		

四、竞赛方式

（一）组队方式

本赛项为团体赛，4 人/队，不得跨校组队，同一学校参赛队不超过 1 队，每队限报 2 名指导教师，指导教师须为本校专兼职教师。

（二）竞赛方式

本赛项为线下竞赛方式，采用电子沙盘系统为竞赛平台，所有参赛队伍分为若干赛区，每一赛区将在同一市场环境下进行企业经营沙盘模拟比赛。

（三）报名资格

参赛选手须为高等职业学校（含本科职业学校）全日制在籍学生，资格以报名时所具有的在校学籍为准。凡在往届全国职业院校技能大赛中获一等奖的选手，不能再参加同一专业类赛项的比赛。

五、竞赛流程

日程安排及竞赛流程如表 5-1 所示。

表 5-1　　　　　　　　　　　日程安排及竞赛流程

日程安排		流程与内容	时间	时长/分钟
赛前一天	1	参赛队报到	8:00—14:00	—
	2	工作人员会议	9:00—10:00	—
	3	裁判员培训工作会	10:30—12:00	—
	4	开赛式	14:00—14:30	—
	5	领队会	14:30—15:30	—
	6	第一次抽签加密	15:30—16:00	—
	7	学生观摩场地	14:30—17:00	—
比赛当天	1	参赛选手检录（参赛证、身份证、学生证）	7:00—7:10	10
	2	二次抽签加密（分区及座位号）	7:10—8:15	65
	3	入场、赛前准备	8:15—8:20	5
	4	题库中抽取正式竞赛试题	8:20—8:25	5
	5	下发正式竞赛试题资料（规则与详单）	8:25—8:35	10
	6	第一年战略规划阶段	8:35—9:05	30
	7	第一年 1 季度经营	9:05—9:20	15
	8	第一年 2 季度投放广告	9:20—9:25	5
	9	第一年第 1 次选单	9:25—9:35	10
	10	第一年 2 季度经营	9:35—9:45	10
	11	第一年 3 季度投放广告	9:45—9:50	5
	12	第一年第 2 次选单	9:50—9:55	5
	13	第一年 3 季度经营	9:55—10:05	10
	14	第一年 4 季度经营	10:05—10:30	25
	15	第一年执行结果检查及总结	10:30—10:40	10
	16	第二年战略规划阶段	10:40—11:10	30
	17	第二年 1 季度投放广告	11:10—11:15	5
	18	第二年第 1 次选单	11:15—11:25	10
	19	第二年 1 季度经营	11:25—11:40	15
	20	第二年 2 季度投放广告	11:40—11:45	5
	21	第二年第 2 次选单	11:45—11:50	5
	22	第二年 2 季度经营	11:50—12:00	10
	23	第二年 3 季度经营	12:00—12:10	10
	24	第二年 4 季度经营	12:10—12:35	25

续表

日程安排	流程与内容	时间	时长/分钟
25	第二年执行结果检查及总结	12:35—12:45	10
26	统计阶段成绩	12:45—12:55	—
27	午餐	12:55—14:00	—
28	第三年数字化平台建设	14:00—14:30	30
29	第三年1季度投放广告	14:30—14:35	5
30	第三年第1次选单	14:35—14:45	10
31	第三年第1次经营	14:45—15:00	15
32	第三年2季度投放广告	15:00—15:05	5
33	第三年第2次选单	15:05—15:10	5
34	第三年2季度经营	15:10—15:20	10
35	第三年3季度经营	15:20—15:30	10
36	第三年4季度经营	15:30—15:55	25
37	第四年数字化平台建设	15:55—16:25	30
38	第四年1季度投放广告	16:25—16:30	5
39	第四年第1次选单	16:30—16:40	10
40	第四年1季度经营	16:40—16:55	15
41	第四年2季度投放广告	16:55—17:00	5
42	第四年第2次选单	17:00—17:05	5
43	第四年2季度经营	17:05—17:15	10
44	第四年3季度经营	17:15—17:25	10
45	第四年4季度经营	17:25—17:50	25
46	第四年模拟经营结束、退场	17:50—18:00	—
47	比赛结果公示	18:30—20:30	—
48	专家点评	20:30—20:50	20
49	宣读比赛成绩	20:50—21:10	20
50	颁奖仪式	21:10—21:30	20
51	领导致闭幕词	21:30—21:50	20

注：实际时间以赛区现场进度为准。

六、竞赛规则

依据《全国职业院校技能大赛章程》及《全国职业院校技能大赛制度汇编》规则，制定以下规则。

1. 报名要求。各参赛院校须提前上报符合条件的参赛学生信息，以省、自治区、直辖市为单位报名参赛，报名获得确认后不得随意更换。如比赛前参赛选手和指导教师因故无法参赛，须由省级教育行政部门在赛项开赛10个工作日之前出具书面说明，经大赛执委会办公室核实后予以更换；团体赛选手因特殊原因不能参加比赛时，由大赛执委会办公室根据赛项的特点决定是否可进行缺员比赛，并报大赛执委会备案。

2. 熟悉场地。比赛日前一天可在比赛场地外围参观，不可进场。

3. 入场规则。参赛选手应提前 15 分钟到达赛场，凭参赛证、身份证检录，按要求入场，不得迟到早退，并根据抽签结果在对应的座位入座。裁判负责核对参赛队员信息。

4. 赛场规则。竞赛过程中，如有疑问，参赛选手应持"咨询"示意牌示意，裁判应按照有关要求及时予以答复；如遇设备或软件等故障，参赛选手应持"故障"示意牌示意。裁判、技术人员等应及时予以解决。确因计算机软件或硬件故障，致使操作无法继续的，经项目裁判长确认，予以启用备用计算机；如遇身体不适，参赛选手应持"医务"示意牌示意，现场医务人员按应急预案救治。

5. 离场规则。各参赛队伍派一名参赛代表在竞赛成绩单上签字，监督员监督所有参赛队伍签字后，裁判签字。

6. 成绩评定规则。在运营过程中，赛场裁判负责控制比赛进程，并宣布阶段性成绩。在经营四个经营年度后，平台发布竞赛结果。

七、技术规范

1. 职业教育专业目录（2021 年）。
2. 高等职业教育专业简介（2022 年）。
3. 高等职业教育本科专业简介（2022 年）。
4. 高等职业学校专业教学标准。
5. 中华人民共和国公司法（2018 年修正）。
6. 中华人民共和国产品质量法（2018 年修正）。
7. 中华人民共和国会计法（2017 年修正）。
8. 中华人民共和国企业所得税法（2018 年修正）。
9. 企业内部控制基本规范。
10. 企业内部控制应用指引。
11. 除上述文件外，竞赛以现行的财经法律、法规和财政部、国家税务总局、人民银行、国家市场监督管理总局等出台的会计、税务、金融法规、制度和规范性文件为依据。

八、技术环境

（一）竞赛环境

1. 竞赛场地内设置主席台、观众席、裁判席、监督仲裁席、技术支持人员专席、新闻媒体席等。
2. 竞赛场地内设置背景板、宣传横幅及壁挂图，营造竞赛氛围。
3. 竞赛场地内设置电子大屏幕，屏幕显示竞赛阶段成绩。
4. 可开辟专门场所设立财经商贸类教学成果展示区、体验观摩区，举办职业教育高峰论坛等。竞赛区域及观摩区采取必要的物理隔离，确保互不干扰。
5. 局域网络。采用星形网络拓扑结构，安装千兆交换机。网线与电源线隐蔽铺设。采用独立网络环境，不连接 INTERNET，禁止外部计算机接入。
6. 采用双路供电安全保障。屏蔽竞赛现场使用的计算机 USB 接口。
7. 利用 UPS 防止现场因突然断电导致的系统数据丢失，额定功率为：3KVA，后备时间为：

3.5 小时，电池输出电压为：230V±5%V。

8. 设置安全通道和警戒线，确保进入赛场的大赛参观、采访、视察的人员限定在安全区域内活动，以保证大赛安全有序进行。

（二）技术平台

1. 企业经营沙盘模拟平台包含①管理端：用于管理裁判账号和导入规则。②裁判端：可创建比赛，控制学生经营进度，有导入学生账号、查看规则、切换季度、选单管理、一键导出、财务报表、成绩查看等功能。③学生端：为学生考试端，登录后可直接进行操作，包含规则查看、市场预测等辅助功能。

2. 竞赛平台应保持相对稳定，5 年内升级需报大赛执委会备案。

3. 企业经营沙盘模拟尽可能安排在同一场地进行不同赛区比赛。

4. 赛场每台位配置计算机 4 台，纸质的运行记录表、综合费用表、利润表、资产负债表、笔（水笔、铅笔）、稿纸和计算器（4 台）等与竞赛相关的物品。

5. 服务器及学生机要求。

服务器。①数量 6 台。②单机硬件要求。CPU：4 颗银牌（四核）2.0G 以上。③内存：32GB以上。④硬盘：4 块固态硬盘以上，每块容量 300G 以上，搭建成 RAID5。⑤网卡：千兆网卡，2 个网口。⑥操作系统：Windows Server 2012 标准版。⑦其他：Office 2007 及以上（激活版）。

学生机。①硬件要求。CPU：酷睿 i5 2.66G 以上，内存不低于 8G，硬盘不低于 500G（含256g 固态硬盘），千兆网卡。②软件要求。操作系统：Windows 10 64 位（激活版）。③谷歌浏览器 100 以上版本。④其他：常用输入法、Office 2007 及以上（激活版）。⑤录屏软件。

网络系统：①2 台千兆核心交换机（双机模式）和 9 台接入交换机（48 口），并提供 1 台核心交换机及 4 台接入交换机备用；②不允许使用无盘工作站及云桌面部署。

九、竞赛样题

样题包含 2 个部分：固定经营参数与可变经营参数。不同赛题变更可变经营参数。

（一）固定经营参数（制题时不可改变）

固定经营参数如表 9-1 所示。

表 9-1　　　　　　　　　　　固定经营参数

项目	参数	项目	参数
贷款总额度	上年所有者权益的 3 倍	最长长期贷款年限	2 年
库存折价率（原料）	80%	库存折价率（产品）	80%
紧急采购原料价格	材料原价的 2 倍	紧急采购产品价格	产品直接成本的 4 倍
所得税税率	25%	违约扣款百分比	40%
竞单最小报价	参考价的 90%	生产线数量上限	16
碳达峰年度	第二年末	初始商誉值	100

（二）可变经营参数

1. 生产线参数。

生产线参数定义了生产线的建线、转产、生产周期，以及建线、转产的花费。产线采用平均年限折旧法计提折旧，当净值等于残值时，不再计提。

生产线的基础产能不代表最终的产品下线数量，而是根据在产工人的效率计算的。不同产线有不同的工位，不同等级的工人不能相互代替。生产线每次生产最终下线的产品数量计算公式为：

$Y=$基础产能$\times$（1+初级工效率之和/4+高级工效率之和）$\times$班次加成。

生产线参数如表9-2所示。

表9-2　　　　　　　　　　　　　生产线参数

线型名称	购买价格	安装周期	生产周期	产量	转产周期	转产价格
传统线	10 000	0	1	10	1	500
自动线	20 000	1	1	10	0	500
智能线	40 000	2	1	10	0	0

线型名称	残值	维修费用	需要普通工人	需要高级工人	碳排放量	折旧年限
传统线	2 000	500	2	0	0	4
自动线	4 000	800	1	1	0	4
智能线	4 000	1 000	0	2	0	4

2. 工人招聘参数。

工人是生产的必备要素，生产线需要不同的工人上工才能完成生产。

工人通过招聘而来，每个工人都有其自身效率及期望月薪，企业可通过开出相应的录用通知来招聘工人。当录用通知开出的月薪大于等于工人的期望工资时，工人必定入职；若录用通知开出的月薪处于工人期望工资的70%～100%时，工人有一定概率入职，概率为开出工资/期望工资*100%；若录用通知开出的月薪小于70%时，工人一定不会入职。

本季度开出录用通知，工人会根据计算结果，在下一季度初判定是否入职。各参赛队所招聘的工人并非同时招聘，不存在竞争关系。

工人招聘参数如表9-3所示。

表9-3　　　　　　　　　　　　　工人招聘参数

工人类型	初始期望工资	计件工资	初始效率	数量
普通工人	1 000	20	50%	40
高级工人	2 000	40	50%	40

3. 工人发薪与辞退参数。

工人是月薪制度，即工人入职时的录用通知工资即为其工资。薪水每季度发放，一次性发放三个月的薪水。工人薪水必须主动发放，若未主动发放，则系统强制扣除，并扣减5点商誉值，且所有工人效率降低一半；若连续两个季度未主动发薪，则被欠薪的工人会自动离职，并且企业需要赔付辞退福利，辞退福利额度为$Y=$（$N+1$）$\times$月薪，N为工人的司龄（年），不足1年按照1年计算。

入职期大于1个季度的工人，企业可以主动辞退。辞退时，工人不能处于上工、培训状态，并且要支付辞退福利。

4. 工人培训及激励。

工人可以通过培训进行升级，即从低级工人升级为高级工人。升级后保留效率，并且工资翻倍。培训需要消耗企业一定的时间和金钱，且不能中断。

工人每进行一次生产，则降低效率 $X\%$。企业可以通过"涨薪"和"激励"两种方式提高工人的效率。涨薪是指增加工人的月薪，而激励则是一次性支付奖金。两种方式各有不同，企业需根据实际情况进行选择。

工人激励效果如表 9-4 所示。

表 9-4 工人激励效果

激励方式	提升效率
奖金激励	100%
涨薪激励	200%

5. 派工参数。

工人参与生产前，需要先进行"派工"。企业需根据产线标准的工位，派遣合适的工人上工。工人正确上工后，选择合适的工时，产线就可以计算出产能供企业参考。

班次、产量加成及效率损失如表 9-5 所示。

表 9-5 班次、产量加成及效率损失

班次名称	产量加成	工人单次效率损失
8 时制	1	2%

6. 研发与设计参数。

产线开产还需要检查图纸，图纸包括产品和特性。产品与特性组合之后就可以形成图纸，保存图纸需要支付一定的费用。图纸可以更改，每次保存图纸都需要重新支付费用。

特性代表着企业的科研属性，企业可以通过投入现金来提升特性等级，特性等级越高，企业的竞争力就越强。

产品特性参数如表 9-6 所示。

表 9-6 产品特性参数

特性名称	设计费用	升级单位成本/元	上限
T1	500	500	200
T2	500	500	200
T3	800	1 000	100

产品物料清单如表 9-7 所示。

表 9-7 产品物料清单

产品	碳排放量	开产费用	产品成本	需要 R1	需要 R2	需要 R3	需要 R4
P1	0	0	2 000	1	1	1	0
P2	0	0	3 000	1	1	2	0
P3	0	0	4 000	1	1	2	2

7. 质量认证参数。

质量认证是企业的一项重要资质，需要花费时间和现金去申请。一经开始不可以中断或终止。认证完成后，无须交维护费。

质量认证影响订单的获取，部分需要资质认证的订单，若无相应的认证，则无法获取申报的订单。

质量认证参数如表 9-8 所示。

表 9-8　　　　　　　　　　　　质量认证参数

认证名称	消耗现金/元	消耗时间/季
ISO 9000	10 000	1
ISO 14000	20 000	4
ISO 26000	40 000	6

8. 市场开拓参数。

市场决定企业营销端的范围。企业拥有相应市场的资质，才可以在该市场出售产品。市场开拓不可以中断或终止。认证完成后，无须交维护费。当企业不具备某市场资质时，无法申报该市场的订单。

市场开发参数如表 9-9 所示。

表 9-9　　　　　　　　　　　　市场开发参数

市场名称	消耗现金/元	消耗时间/季
国内市场	10 000	1
亚洲市场	20 000	4
国际市场	50 000	6

9. 产品资质参数。

产品资质决定企业是否可以生产相应的产品。产品资质一旦开始申请，不可中断或终止。申请完成后，无须交维护费，即有资格生产该产品。

产品资质参数如表 9-10 所示。

表 9-10　　　　　　　　　　　　产品资质参数

产品名称	消耗现金/元	消耗时间/季
P1	8 000	1
P2	10 000	2
P3	20 000	4

10. 促销广告参数。

促销广告在经营的任意时间都可以投放，不分产品，投放后为企业提升知名度。广告投放可多次进行，数据持续叠加，可以持续提升知名度。知名度在选单后清空，需要在下次选单前重新投放并累计。

11. 原料采购参数。

市场材料有数量上限，被购买空后本季度则不再补充，切换季度后重新补满。

原材料采用预订的方式，即下单预订时不需要支付任何资金。经过一定的送货期后，材料到货即可收货。收货时同样不需要任何资金，收货后生成应付款自动发送到财务岗位。材料到货后必须当季收货，否则系统强制收货，并且扣减商誉值 1 点。

若因意外材料不足，可进行紧急采购。紧急采购时，原料价格是材料原价的 2 倍，在利润表中，直接成本按照实际成本记录。

原材料采购参数如表 9-11 所示。

表 9-11　　　　　　　　　　　　原材料采购参数

材料名称	基础价格/元	每季度数量	送货周期	账期
R1	500	50 000	1	0
R2	500	50 000	1	0
R3	500	50 000	1	0
R4	500	50 000	2	0

12. 销售市场参数。

销售市场需求包含市场上订单的产品、特性、单价、需求量、交货期、账期等参数，在以销定产的模式下，参赛队需要根据市场分析出自身企业的经营方向。

参赛队根据自身的情况，选择合适的订单进行申报，申报时要给出所申报订单的【申报数量】和【申报价格】，申报期结束后，系统自动根据各参赛队的竞争得分，对订单进行分配，分配原则为优先分配得分高者的需求，分完为止。竞争得分：

$$Y=知名度+商誉 \times 市场占有率 \times （参考价-报价）+1000 \times 特性研发值$$

13. 融资参数。

融资包含短期贷款与长期贷款两种模式。短期贷款包括：①直接贷款，通常周期短，利息高；②短期银行借款，最长 4 个季度。两种短期贷款均是本息在还本时一次性付清。长期贷款时间最长为 2 年，需每季度归还利息。规则文件中，利率是"单次还息"的利率，即短期贷款则为总利率，而长期贷款则为每季度利率。

融资参数如表 9-12 所示。

表 9-12　　　　　　　　　　　　融资参数

贷款名称	额度上限	贷款周期	还款方式	利率
直接融资	3	1	本息同还	4%
短期银行融资	3	4	本息同还	10%
长期银行融资	3	8	每季还息	2%

14. 收付款参数。

系统中企业购买材料收货后会生成应付款，企业销售产品后会生成应收款，其账期均由系统规则中的对应参数确定。应收账款不可提前收款，如确有需要可选择"贴现"的方式，支付一定贴息以获得钱款；应付款可以提前支付，但不可延后，若未按期付款，则每笔款项扣减商誉值 1 点。

应收账款贴现参数如表 9-13 所示。

表 9-13　　　　　　　　　　　　应收账款贴现参数

贴现	收款期	贴息
4 季贴现	4	7%
3 季贴现	3	5%
2 季贴现	2	3%
1 季贴现	1	2%

15. 管理费用参数。

管理费用是企业每个月都要缴纳的日常费用，每季度缴纳一次，一次缴纳三个月。管理费用必须主动缴纳，若未主动缴纳，系统会自动扣除，并扣除企业的商誉值。

16. 双碳参数。

所有的企业在生产时，都会排放出相应的碳排放量。前两年排放的总碳量作为第三年的峰值，第三年的排放量作为第四年的峰值，依此类推，即本年内所有组的排放量不允许超过上年的值。从第三年开始，每年年初系统会根据上一年的排放表现，为各个队伍分配碳排放额度 X_1-X_n。各个队伍的排放量均不允许超过其企业被分配的碳排放量，一旦企业将本年的排放额度全部用完，企业将无法生产。

企业排放的碳量有义务自己中和掉，系统提供了植树造林的方式，企业可以花费现金，进行碳中和。碳中和是排放型企业的基本义务，碳中和率若不足 100%，将扣减大量总分。

中和费用为：5 元每吨。

初始碳排放量为：500 吨。

17. 企业初始参数。

企业初始可以定义初始资金、初始市场资质、初始产品资质、初始原料库存、初始产品库存等内容。

特别提醒：本次比赛为竞单模式，第一年即开启竞单。

十、赛项安全

（一）比赛环境

1. 执委会须在赛前组织专人对比赛现场、住宿场所和交通保障进行考察，并对安全工作提出明确要求。

2. 赛场周围要设立警戒线，防止无关人员进入发生意外事件，并配备急救人员与设施。

3. 执委会须会同承办单位制定开放赛场和体验区的人员疏导方案。

4. 参赛选手及工作人员入场，严禁携带违禁品、危险品入场。运营结束后，严禁参赛选手携带任何与竞赛相关的物品离场。

（二）生活条件

1. 比赛期间安排的住宿地应具有宾馆/住宿经营许可资质。

2. 执委会和承办单位须保证比赛期间选手、指导教师和裁判员、工作人员的交通安全。

3. 各赛项的安全管理，应严格遵守国家相关法律法规，保护个人隐私和人身自由。

（三）应急处理

比赛期间发生意外事故，发现者应第一时间报告执委会，同时采取措施避免事态扩大。执委会应立即启动预案予以解决并报告组委会。赛项出现重大安全问题可以停赛，是否停赛由执委会决定。事后，执委会应向组委会报告详细情况。

（四）处罚措施

1. 参赛队伍有发生重大安全事故隐患或造成安全事故的，可取消其继续比赛的资格。

2. 赛事工作人员违规的，按照相应的制度追究责任。情节恶劣并造成重大安全事故的，由司法机关追究相应法律责任。

十一、成绩评定

（一）评分标准制定原则

评分标准由赛项专家组制定，全部公开。严格按照《全国职业院校技能大赛成绩管理办法》中规定的评分方法实施。

（二）评分细则

企业模拟经营过程需要持续4年，从经营风尚、管理工具应用、数字化平台建设、持续经营和经营成果五个方面进行综合评判，以全面考查学生企业经营管理核心技能和规则意识、创新意识、数字思维、系统思维等职业素养。具体评分细则如表11-1所示。

表11-1　　　　　　　　　　　　　　评分细则

评分项目	分值	考查目标 计算办法	备注
经营风尚F1	10分	不存在违反经营风尚行为的企业得分为10分。如参赛团队存在故意的负面行为，经2/3以上裁判认定且裁判长同意确定扣分，根据情节严重性扣分不超过10分	
管理工具应用F2	10分	在第一、第二年年末提交报表后，系统自动计算出的战略计划完成率。得分=5×第一年完成率+5×第二年完成率	计算第一、第二年
数字化平台建设F3	10分	第三、第四年完成财务RPA、智能生产算法、智能人力算法、数据可视化分析四个管理技术。每项技术完成后保存不报错每年可得1.25分	计算第三、第四年
持续经营分F4	20分	完成每年经营得5分。破产企业按照实际完成经营并提交报表的年数计算得分。最终未破产企业得20分	
经营成果F5	50分	未经营和破产企业的F5=0，当企业的现金断流时（现金出现负值）界定为企业破产，则完成正常经营的企业以第四年企业经营发展指数计算排名St1，企业经营发展指数=第四年企业商誉值×（第四年企业权益-系统扣分）×（1+第四年碳中和率）。则未破产企业的F5计算如下： 分距$d=50/N$　　　　　　（1） $F5=50-(St1-1)×d$　　　（2）	N取参赛队伍数最多赛区的队伍个数
经营得分Fz		$Fz=F1+F2+F3+F4+F5$　　　（3）	
最终成绩Z		按照经营得分Fz计算每个赛区的排名St2，以赛区最后一期企业经营发展指数最高的企业计算赛区排名I，其中未经营和破产的企业最终成绩$Z=Fz$，则其他企业的最终成绩Z得分计算如下： $Z=100-St2×d+d×(Fz-FzL)/(FzH-FzL+I)$ 其中，FzH为本赛区经营得分最高分，FzL为本赛区经营得分最低分	

注：在上述计算排名过程中，对于得分相同的队伍，则依次按照第四年企业经营发展指数、企业权益、企业商誉值从高到低进行排名

（三）违反经营风尚行为与处理

1. 故意扰乱市场行为。操作经营中，经2/3以上裁判判定企业存在故意扰乱市场秩序并对其他对手产生影响，则该企业最终成绩为0分。故意扰乱市场行为包括恶意控制订单和恶意影响原料市场平衡，恶意控制订单是指竞赛选手有意将某市场订单全部选取或全数选取或选取量超过实际产能1倍，且当年年末超过50%的订单发生违约或取消情况；恶意影响原料市场平衡是指一次性订购原材料数量超过自身当年产能所需原材料2倍以上，且当年至少有2个企业原材料购买受到显著影响。

2. 舞弊行为：整个备赛和比赛过程，出现投机或舞弊行为，经2/3以上裁判认定且裁判长

同意，可判罚为本模块 0 分或总成绩 0 分。

3. 不文明行为：比赛过程中，出现参赛团队学生顶撞裁判或队伍间争吵等不文明行为，经 2/3 以上裁判认定且裁判长同意，可判罚为扣除企业经营风尚分 1～10 分，情节严重的可以取消总评比赛成绩。

以上行为情节严重的将建议承办校将学生行为报送学生所在院校处理。

（四）评分方式

1. 裁判员选聘。

按照《全国职业院校技能大赛专家和裁判工作管理办法》的有关要求，由全国职业院校技能大赛执委会在赛项裁判库中抽定赛项裁判人员。裁判长由赛项执委会向大赛执委会推荐，由大赛执委会聘任。该赛项裁判分为加密裁判、现场裁判和评分裁判，其中，评分裁判可兼任现场裁判。

裁判选聘条件如表 11-2 所示。

表 11-2　　　　　　　　　　　　　　　裁判选聘条件

序号	裁判类别	专业技术方向	知识、能力要求	执裁、教学、工作经历	专业技术职称（职业资格等级）	人数
1	裁判长	财经商贸大类	精通工商管理等财经商贸大类专业对应的技术标准和专业教学标准，熟悉竞赛工作	省级及以上比赛执裁经验	副高及以上	1
2	加密裁判	无	无	无	无	10
3	评分裁判	财经商贸大类	熟悉工商管理等财经商贸大类专业对应的技术标准和专业教学标准	从事相关课程教学 5 年及以上	副高及以上	3
4	现场裁判					10
裁判总人数		本赛项安排裁判长 1 名，裁判员 23 名，共计裁判 24 名				

2. 成绩复核方法。

为保障成绩评判的准确性，监督仲裁组将对赛项总成绩排名前 30% 的所有参赛队伍（选手）的成绩进行复核；对其余成绩进行抽检复核，抽检覆盖率不得低于 15%。如发现成绩错误以书面方式及时告知裁判长，由裁判长更正成绩并签字确认。复核、抽检错误率超过 5% 的，裁判组将对所有成绩进行复核。

（五）成绩公示

竞赛成绩复核无误后，经裁判长、监督仲裁组签字后进行公示。公示时间为 2 小时。成绩公示无异议后，由监督仲裁长在成绩单上签字，并在闭幕式上公布竞赛成绩。

十二、奖项设置

1. 按照《全国职业院校技能大赛奖惩办法》的有关规定，本赛项设团体一、二、三等奖，以赛项实际参赛队总数为基数，一、二、三等奖获奖比例分别为 10%、20%、30%。在上述计算排名过程中，对于得分相同的队伍，则依次按照第四年企业经营发展指数、企业权益、企业商誉值从高到低进行排名。

2. 获得一等奖的参赛团队指导教师获"优秀指导教师奖"。

十三、赛项预案

按照《全国职业院校技能大赛制度汇编》中相关制度，为保障学生成绩不受意外影响，制定如下措施。

1. 按正式比赛所需的计算机和网线进行准备，并预备10%的计算机（预备数量=队伍数×4台×10%）和长网线（预备数量=队伍数×2根×10%）。赛项执委会、大赛专家组、技术支持单位将在赛前进行赛场仿真模拟压力测试，以确保比赛设备的安全高效。

2. 赛事服务器采用双机热备方案，主服务器与备用服务器进行备份数据实时同传，主服务器无法启动的情况下可启用备用服务器，恢复同传数据比赛。

3. 如选手计算机出现临时卡顿等故障，可举牌示意，裁判有权暂停比赛计时，待故障排除后，恢复竞赛。如无法排除机器故障，可启用备用计算机。当计算机故障影响比赛成绩（如数据超时等问题），以现场机器录屏为依据进行裁决，裁定后，技术人员在裁判的监督下进行比赛数据恢复。

4. 比赛期间发生意外事故，发现者应第一时间报告执委会，同时采取措施避免事态扩大。执委会应立即启动预案予以解决并报告组委会。赛项出现重大安全问题可以停赛，是否停赛由执委会决定。事后，执委会应向组委会报告详细情况。

十四、竞赛须知

（一）参赛队须知

1. 参赛队组成。参赛选手须为高等职业学校（含本科职业院校）全日制在籍学生，资格以报名时所具有的在校学籍为准。不得跨校组队，每队4名选手。凡在往届全国职业院校技能大赛中获一等奖的选手，不能再参加同一专业类赛项的比赛。

2. 每个参赛队安排1名领队、不超过2名指导教师，负责本校参赛队的参赛组织和与大赛组织机构的联络。

3. 参赛队员在报名获得审核确认后，原则上不再更换，如筹备过程中，队员因故不能参赛，所在省教育主管部门须出具书面说明并按相关规定补充人员并接受审核；竞赛开始后，参赛队不得更换参赛队员，允许队员缺席比赛。

4. 参赛队按照大赛赛程安排，凭大赛组委会颁发的参赛证、有效身份证件、着大赛服装参加比赛及相关活动，参赛选手注意仪容仪表。

5. 不得携带任何具有存储功能的设备，否则取消参赛资格。

6. 各参赛队只允许用赛项执委会提供的4台计算机进行比赛，计算机上已安装录屏软件、常用输入法（搜狗、五笔、智能ABC）和Office。

7. 连接到服务器的计算机需要按规定录屏，没有连接到服务器的计算机不需要录屏。

8. 现场提供有纸质的运行记录表、综合费用表、利润表、资产负债表、笔（水笔、铅笔）、稿纸和计算器（4台）等与竞赛相关的物品。

9. 比赛期间计时的时间以本赛区所用服务器上的时间为准，赛前选手可以按照服务器时间调整自己计算机上的时间。

10. 企业运营流程建议按照运营流程表中列示的流程执行，比赛期间不能还原。

11. 每年经营结束后，各参赛队不需要提交纸质报表，只需要在系统里填写综合费用表、利润表、资产负债表。

12. 参赛队员所在院校须为参赛选手购买保险。

（二）指导教师须知

1. 各参赛代表队要发扬良好道德风尚，听从指挥，服从裁判，不弄虚作假。如发现弄虚作假者，取消参赛资格，名次无效。

2. 各代表队领队要坚决执行竞赛的各项规定，加强对参赛人员的管理，做好赛前准备工作，督促选手带好证件等竞赛相关材料。

3. 竞赛过程中，除参加当场次竞赛的选手、执行裁判员、现场工作人员和经批准的人员外，领队、指导教师及其他人员一律不得进入竞赛现场。

4. 参赛代表队若对竞赛过程有异议，在规定的时间内由领队向赛项监督仲裁组提出书面报告。

5. 对申诉的仲裁结果，领队要带头服从和执行，并做好选手工作。参赛选手不得因申诉或对处理意见不服而停止竞赛，否则以弃权处理。

6. 指导教师应及时查看大赛专用网页有关赛项的通知和内容，认真研究和掌握本赛项竞赛的规程、技术规范和赛场要求，指导选手做好赛前的一切技术准备和竞赛准备。

（三）参赛选手须知

1. 参赛选手应按有关要求如实填报个人信息，否则取消竞赛资格。

2. 参赛选手凭统一印制的参赛证、有效身份证件、着大赛服装参加竞赛。

3. 参赛选手应认真学习领会本次竞赛相关文件，自觉遵守大赛纪律，服从指挥，听从安排，文明参赛。

4. 严禁参赛选手携带任何通信设备、存储设备及其他与竞赛相关的资料与用品入场。

5. 参赛选手应提前 15 分钟抵达赛场，凭参赛证、身份证件检录，按要求入场，不得迟到早退。

6. 参赛选手应按抽签结果在指定位置就座。

7. 参赛选手须在确认竞赛内容和现场设备等无误后开始竞赛。在竞赛过程中，如有疑问，参赛选手应持"咨询"示意牌示意，裁判长应按照有关要求及时予以答疑；如遇设备或软件等故障，参赛选手应持"故障"示意牌示意，裁判长、技术人员等应及时予以解决。确因计算机软件或硬件故障，致使操作无法继续的，经裁判长确认，予以启用备用计算机；如遇身体不适，参赛选手应持"医务"示意牌示意，现场医务人员按应急预案救治。

8. 各参赛选手必须按规范要求操作竞赛设备。一旦出现较严重的安全事故，经裁判长批准后将立即取消其参赛资格。

9. 竞赛时间终了，选手应全体起立，结束操作。签字确认成绩后方可离开赛场。

10. 在竞赛期间，未经执委会的批准，参赛选手不得接受其他单位和个人进行的与竞赛内容相关的采访。参赛选手不得将竞赛的相关信息私自公布。

（四）工作人员须知

1. 工作人员必须统一佩戴由大赛组委会签发的相应证件，着装整齐。

2. 工作人员不得影响参赛选手比赛，不允许有影响比赛公平的行为。

3. 服从领导，听从指挥，以高度负责的精神、严肃认真的态度做好各项工作。

4. 熟悉比赛规程，认真遵守各项比赛规则和工作要求。

5. 坚守岗位，如有急事需要离开岗位时，应经领导同意，并做好工作衔接。

6. 严格遵守比赛纪律，如发现其他人员有违反比赛纪律的行为，应予以制止。情节严重的，应向竞赛组委会反映。

7. 发扬无私奉献和团结协作的精神，提供热情、优质的服务。

十五、申诉与仲裁

本赛项按照《全国职业院校技能大赛制度汇编》相关制度，在比赛过程中若出现有失公正或有关人员违规等现象，代表队领队可在比赛结束后 2 小时之内向赛项监督仲裁组提出书面申诉。大赛采取二级仲裁机制。赛区设赛区仲裁委员会，赛项设赛项监督仲裁工作组。赛项监督仲裁工作组在接到申诉后的 2 小时内组织复议，并及时反馈复议结果。申诉方对复议结果仍有异议，可由领队向赛区仲裁委员会提出申诉。赛区仲裁委员会的仲裁结果为最终结果。

十六、竞赛观摩

赛场内设定观摩区域和参观路线，向媒体、企业代表、院校师生等社会公众开放，观摩区域自开幕式开始开放，直至闭幕式结束。不允许有大声喧哗等影响参赛选手竞赛的行为发生。指导教师可进入赛场观摩区观摩，但不能进入赛场及警戒线内。赛场外设立展览展示区域，配专人接待讲解。比赛结束后十个工作日之内，公布参赛队每年度的相关报表，供师生线上观摩。为保证大赛顺利进行，观摩人员在观摩期间应遵循以下规则。

1. 除与竞赛直接相关的工作人员、裁判员、参赛选手外，其余人员均为观摩观众。

2. 请勿在选手准备或比赛中交谈或欢呼；请勿对选手打手势，包括哑语沟通等明示、暗示行为，禁止鼓掌喝彩等发出声音的行为。

3. 严禁携带手机及其他任何通信工具，勿在观摩赛场地内使用相机、摄像机等一切对比赛正常进行造成干扰的带有闪光灯及快门音的设备。

4. 不得违反全国职业院校技能大赛规定的各项纪律。请站在规划的观摩席或者安全线以外观看比赛，并遵循赛场内工作人员和竞赛裁判人员的指挥，不得有围攻裁判员、选手或者其他工作人员的行为。

5. 如果对裁判裁决的结果存在疑问，请通过各参赛队领队向赛项监督仲裁组提出，不得在比赛现场发言。

十七、竞赛直播

（一）直播内容

根据竞赛环节，全程部署赛场内无盲点录像设备，从赛项抽签加密开始对比赛全过程、全方位进行实况摄录。对赛前赛题安装传输、赛题发放、设备安装调试等关键环节进行实况摄录；竞赛过程采用多机位全程摄录，对比赛的开闭幕式、比赛全过程等进行实时录制并在大屏幕播放赛场情况。

（二）直播方式

竞赛过程中使用网络直播系统，全程播放竞赛情况，并由专家同步对赛题设计、比赛进程、选手状况、成绩状态等进行专业解说。

（三）经验分享

对裁判专家点评、优秀选手访谈、优秀指导教师经验分享和企业人士现场采访，制作视频资料，突出赛项的技能重点、优势与特色。为宣传、仲裁、资源转化提供全面的信息资料。

十八、赛项成果

根据竞赛目标，以提高学生职业技能水平、带动学校专业建设以及教学改革为宗旨，半年内发布以下竞赛成果，用于发挥大赛以赛促融促教，以赛促改促学的引领作用，赛项成果将及时在全国职业院校技能大赛官网及相关平台发布。赛项成果清单如表 18-1 所示。

表 18-1　　　　　　　　　　　　　赛项成果清单

资源名称		成果形式	资源数量	资源要求	完成时间
基本资源	风采展示	赛项宣传片	视频文件	1 份	15 分钟以上	赛后 1 个月
		风采展示片	视频文件	1 份	10 分钟以上	赛后 1 个月
	技能概要	技能介绍 技能要点 评价指标	文本文档	1 份	3 000 字以上	赛后 1 个月
	教学资源	课赛融通教材	教材	1 套	10 分钟以上	赛后 3 个月
		竞赛技能解析	在线课程资源	1 门	10 分钟以上	赛后 1 个月
		岗课赛证融通方法交流资料	文本文档	1 份	15 分钟以上	赛后 3 个月
		课赛融通金课	在线课程资源	1 门	60 分钟以上	赛后半年
拓展资源		案例库	文本文档	1 份	3 000 字以上	赛后 1 个月
		赛题库	文本文档	1 份	企业经营沙盘模拟	赛后 1 个月
		优秀选手访谈	视频文件	1 份	5 分钟以上	赛后 1 个月

参考文献

[1] 何晓岚，金晖. 商战实践平台指导教程[M]. 北京：清华大学出版社，2012.

[2] 王新玲，郑文昭，马雪文. ERP 沙盘模拟高级指导教程[M]. 3 版. 北京：清华大学出版社，2014.

[3] 刘平. ERP 沙盘实训手册——企业经营沙盘模拟实战对抗[M]. 北京：清华大学出版社，2011.

[4] 邹德平，逄卉一，李芳懿. ERP 沙盘模拟[M]. 北京：清华大学出版社，2011.

[5] 李璠，刘超. 数智企业经营管理沙盘理论与实践[M]. 北京：清华大学出版社，2023.